"十三五"职业教育国家规划教材

数字电子技术应用

主　编　肖义军

副主编　戴　文　刘　剑

工学结合：新理念

考核评价：新模式

技能抽查：新指导

中南大学出版社
www.csupress.com.cn
·长沙·

图书在版编目（CIP）数据

数字电子技术应用／肖义军主编. —长沙：中南大学
出版社，2017.1（2022.8 重印）
ISBN 978 - 7 - 5487 - 2719 - 4

Ⅰ. ①数… Ⅱ. ①肖… Ⅲ. ①数字电路－电子技术－
高等职业教育－教材 Ⅳ. ①TN79

中国版本图书馆 CIP 数据核字（2017）第 031050 号

数字电子技术应用
SHUZI DIANZI JISHU YINGYONG

肖义军　主编

□责任编辑	胡小锋		
□责任印制	唐　曦		
□出版发行	中南大学出版社		
	社址：长沙市麓山南路	邮编：410083	
	发行科电话：0731 - 88876770	传真：0731 - 88710482	
□印　　装	长沙创峰印务有限公司		

□开　　本	787 mm×1092 mm 1/16	□印张 9.75	□字数 250 千字
□版　　次	2017 年 1 月第 1 版	□印次 2022 年 8 月第 2 次印刷	
□书　　号	ISBN 978 - 7 - 5487 - 2719 - 4		
□定　　价	26.00 元		

职业教育电子类专业"新课标"规划教材编委会

出版说明

　　根据《国务院关于大力发展职业教育的决定》、国务院印发的《关于加快发展现代职业教育的决定》等文件提出的教材建设要求,和《中等职业学校专业教学标准(试行)》(2014)要求职业教育科学化、标准化、规范化等要求,以及习近平总书记专门对职业教育工作作出的重要指示,中南大学出版社组织全国近30余所学校的骨干教师及行业(企业)专家编写了这套"职业教育电子类专业'新课标'规划教材"。

　　本套教材的编写紧紧围绕目标,以项目模块重新构建知识体系结构,书中内容都以典型产品为载体设计活动来进行的,围绕工作任务、工作现场来组织教学内容,在任务的引领下学习理论,实现理论教学与实践教学融通合一、能力培养与工作岗位对接合一、实习实训与顶岗工作学做合一。

　　本套教材力求以任务项目为引领,以就业为导向,以标准为尺度,以技能为核心,达到使学校教师、学生在使用本套教材时,感到实用、够用、好用。归纳起来,本套教材具有以下特色:

　　(1)以任务为驱动,对接真实工作场景性强,教学目的性强,实用性强,教、学、做合一体性。

　　(2)各项目及内容按照循序渐进、由易到难,所选案例、任务、项目贴近学生,注重知识的趣味性、实用性和可操作性。

　　(3)把培养学生学习能力贯穿于整个教材中,尽量避免各套教材的实训项目内容重复,注意主辅协调、合理搭配,提高教学效果。

　　(4)考虑到各个学校实训条件,教材中许多项目还设计了仿真教学,兼顾各中等职业学校的实际教学要求,让学生能轻松学习知识和技能。

　　(5)注重立体化教材建设。通过主教材、电子教案、实训指导、习题及解答等教学资源的有机结合,提高教学服务水平,为高素质技能型人才的培养创造良好的条件。

　　由于职业教育改革和发展的速度很快,加之我们的水平和经验有限,因此在教材的编写和出版过程中难免出现问题和错误。我们恳请使用这套教材的师生及时向我们反馈质量信息,以利于我们今后不断提高教材的出版质量,为广大师生提供更多、更实用的教材。意见反馈及教学资源联系方式:451899305@qq.com

编委会主任　李正祥

2014 年 6 月

前　言

　　根据《国务院关于大力发展职业教育的决定》、国务院印发的《关于加快发展现代职业教育的决定》等文件提出的教材建设要求，和《中等职业学校专业教学标准(试行)》(2014)要求职业教育科学化、标准化、规范化等，以及习近平总书记专门对职业教育工作作出的重要指示，编写了这本《数字电子技术应用》。

　　本书是基于"知行合一"理念的中等职业学校电子类专业创新教材，编写时以项目模块重新构建知识体系结构，书中内容都是以典型产品为载体设计活动来进行的，围绕工作任务、工作现场来组织教学内容，在任务的引领下学习理论，实现理论教学与实践教学融通合一、能力培养与工作岗位对接合一、实习实训与顶岗工作学做合一。

　　本书紧紧围绕课程目标重构知识体系结构，项目内容按照项目描述、学习目标、知识准备、任务实现、考核评价、拓展提高这六个环节来组织编写。编写中坚持以工作为本位、以职业实践能力培养为主线、以项目为载体的总体要求。每个项目的学习都以典型电子产品为载体设计的活动来进行，打破传统的学科体系，紧紧围绕工作任务来选择和组织课程内容，在任务的引领下学习理论知识，让学生在实践活动中掌握理论知识，实现理论与实践的一体化，提高岗位的职业能力。

　　本书的特点是：

　　1. 教材中各项目及项目内容按照循序渐进、由易到难、先感性再抽象的递进关系安排，所选案例、任务、项目贴近学生学情，又注重了知识的趣味性、实用性和可操作性，遵循了中职学生的认知规律。

　　2. 教学内容浅显易懂，理论内容以"够用、实用"为原则，增强了实践性教学内容。实践性教学内容占总课时的50%左右，使学生既有一定的理论知识，又有更多的实践机会。

　　3. 全书共安排了五个项目任务，重点关注如何综合运用所获得的操作知识、理论知识来完成工作任务。通过"完整性活动"，学生可获得有工作意义的"产品"或者"作品"，这样，不仅可以增强学生对教学内容的直观感，而且有利于增强学生的工作热情和学习兴趣，达到让学生通过完成具体项目来构建相关理论知识，并发展职业能力的目的。

建议本课程的教学课时数为110课时，各项目参考学时见下表。

内容	课时
项目1：三人表决器的制作	24
项目2：数显逻辑笔的制作	22
项目3：四路抢答器的制作	20
项目4：触摸门铃的制作	20
项目5：电子幸运转盘的制作	20
机动	4
合计	110

由于编者水平有限，书中错误和不当之处在所难免，热忱欢迎广大读者批评指正、提出宝贵的意见和建议（QQ：249260921），以便进一步完善教材。

编　者

2016 年 12 月

目　录

项目1　三人表决器的制作 ……………………………………………………（1）

　1.1　项目描述 ………………………………………………………………（1）

　1.2　知识准备 ………………………………………………………………（1）

　　1.2.1　基本逻辑门 …………………………………………………………（2）

　　1.2.2　简单组合逻辑门 ……………………………………………………（9）

　　1.2.3　集成逻辑门 ………………………………………………………（12）

　　1.2.4　做中学 ……………………………………………………………（15）

　　1.2.5　数制与编码 ………………………………………………………（16）

　　1.2.6　逻辑代数的化简 …………………………………………………（19）

　　1.2.7　逻辑电路图、真值表与逻辑函数的关系 ………………………（21）

　1.3　任务实现 ……………………………………………………………（24）

　　1.3.1　认识电路组成 ……………………………………………………（24）

　　1.3.2　认识工作过程 ……………………………………………………（24）

　　1.3.3　元器件的选用与检测 ……………………………………………（25）

　　1.3.4　电路安装 …………………………………………………………（26）

　　1.3.5　电路调试与检测 …………………………………………………（27）

　1.4　考核评价 ……………………………………………………………（27）

　1.5　拓展提高 ……………………………………………………………（29）

　1.6　同步练习 ……………………………………………………………（29）

　　1.6.1　填空题 ……………………………………………………………（29）

　　1.6.2　选择题 ……………………………………………………………（29）

　　1.6.3　综合题 ……………………………………………………………（31）

项目2　数显逻辑笔的制作 …………………………………………………（33）

　2.1　项目描述 ……………………………………………………………（33）

　2.2　知识准备 ……………………………………………………………（33）

　　2.2.1　组合逻辑电路分析与设计 ………………………………………（33）

2.2.2　编码器 ……………………………………………………………… (36)

2.2.3　做中学(一) ………………………………………………………… (40)

2.2.4　译码器 ……………………………………………………………… (41)

2.2.5　做中学(二) ………………………………………………………… (47)

2.3　任务实现 ………………………………………………………………… (49)

2.3.1　认识电路组成 ……………………………………………………… (49)

2.3.2　认识工作过程 ……………………………………………………… (49)

2.3.3　元器件的选用与检测 ……………………………………………… (50)

2.3.4　电路安装 ……………………………………………………………… (52)

2.3.5　电路调试与检测 …………………………………………………… (52)

2.4　考核评价 ………………………………………………………………… (53)

2.5　拓展提高 ………………………………………………………………… (54)

2.6　同步练习 ………………………………………………………………… (56)

2.6.1　填空题 ………………………………………………………………… (56)

2.6.2　选择题 ………………………………………………………………… (56)

2.6.3　综合题 ………………………………………………………………… (58)

项目3　四路抢答器的制作 …………………………………………………… (60)

3.1　项目描述 ………………………………………………………………… (60)

3.2　知识准备 ………………………………………………………………… (61)

3.2.1　RS 触发器 …………………………………………………………… (61)

3.2.2　做中学(一) ………………………………………………………… (63)

3.2.3　JK 触发器 …………………………………………………………… (64)

3.2.4　做中学(二) ………………………………………………………… (66)

3.2.5　D 触发器、T 触发器、T′触发器 ………………………………… (68)

3.2.6　做中学 ………………………………………………………………… (70)

3.3　任务实现 ………………………………………………………………… (71)

3.3.1　认识电路组成 ……………………………………………………… (71)

3.3.2　认识工作过程 ……………………………………………………… (71)

3.3.3　元器件的选用与检测 ……………………………………………… (72)

3.3.4　电路安装 ……………………………………………………………… (73)

3.3.5　电路调试与检测 …………………………………………………… (74)

3.4　考核评价 ………………………………………………………………… (75)

3.5　拓展提高 ……………………………………………………………………（76）

3.6　同步练习 ……………………………………………………………………（78）

　　3.6.1　填空题 ………………………………………………………………（78）

　　3.6.2　选择题 ………………………………………………………………（78）

　　3.6.3　综合题 ………………………………………………………………（79）

项目4　触摸门铃的制作 …………………………………………………………（83）

4.1　项目描述 ……………………………………………………………………（83）

4.2　知识准备 ……………………………………………………………………（83）

　　4.2.1　多谐振荡器 …………………………………………………………（84）

　　4.2.2　做中学（一）…………………………………………………………（86）

　　4.2.3　单稳态触发器 ………………………………………………………（87）

　　4.2.4　做中学（二）…………………………………………………………（90）

　　4.2.5　施密特触发器 ………………………………………………………（90）

　　4.2.6　555定时器及应用 ……………………………………………………（94）

4.3　任务实现 ……………………………………………………………………（98）

　　4.3.1　认识电路组成 ………………………………………………………（98）

　　4.3.2　认识工作过程 ………………………………………………………（98）

　　4.3.3　元器件的选用与检测 ………………………………………………（99）

　　4.3.4　电路安装 ……………………………………………………………（100）

　　4.3.5　电路调试与检测 ……………………………………………………（100）

4.4　考核评价 ……………………………………………………………………（101）

4.5　拓展提高 ……………………………………………………………………（102）

4.6　同步练习 ……………………………………………………………………（103）

　　4.6.1　填空题 ………………………………………………………………（103）

　　4.6.2　选择题 ………………………………………………………………（103）

　　4.6.3　综合题 ………………………………………………………………（104）

项目5　电子幸运转盘的制作 ……………………………………………………（106）

5.1　项目描述 ……………………………………………………………………（106）

5.2　知识准备 ……………………………………………………………………（107）

　　5.2.1　时序逻辑电路的基本知识 …………………………………………（107）

　　5.2.2　寄存器 ………………………………………………………………（108）

5.2.3 做中学(一) ……………………………………………………… (112)

5.2.4 计数器 …………………………………………………………… (113)

5.2.5 做中学(二) ……………………………………………………… (118)

5.3 任务实现 ……………………………………………………………… (119)

5.3.1 认识电路组成 …………………………………………………… (119)

5.3.2 认识工作过程 …………………………………………………… (119)

5.3.3 元器件的选用与检测 …………………………………………… (120)

5.3.4 电路安装 ………………………………………………………… (121)

5.3.5 电路调试与检测 ………………………………………………… (121)

5.4 考核评价 ……………………………………………………………… (122)

5.5 拓展提高 ……………………………………………………………… (123)

5.6 同步练习 ……………………………………………………………… (125)

5.6.1 填空题 …………………………………………………………… (125)

5.6.2 选择题 …………………………………………………………… (125)

5.6.3 综合题 …………………………………………………………… (126)

附 录 ……………………………………………………………………… (128)

附录1 部分常用数字集成电路的外引线排列图 ……………………… (128)

附录2 D/A 转换器简介 ………………………………………………… (134)

附录3 A/D 转换器简介 ………………………………………………… (137)

附录4 存储器简介 ……………………………………………………… (143)

参考文献 …………………………………………………………………… (146)

项目 1　三人表决器的制作

1.1　项目描述

本项目介绍的三人表决器，是一种以少数服从多数的原则来实现对某个事件表决的装置。表决时，裁判按下表决按钮，输出端就显示表决结果。

图 1-1　三人表决器

通过本项目的学习与实践，可以让读者获得如下知识和技能：
(1) 掌握基本逻辑门、简单组合逻辑门的逻辑功能和图形符号；
(2) 了解常用集成逻辑门型号、引脚功能，会测试其逻辑功能；
(3) 会进行二进制、八进制、十进制和十六进制之间的相互转换；
(4) 会进行逻辑表达式的化简；
(5) 会进行逻辑电路、真值表和逻辑表达式之间的转化；
(6) 学会制作和调试基本逻辑门电路。

1.2　知识准备

要完成以上要求的三人表决器的制作，需要具备以下一些相关的知识和技能，下面分别进行阐述。

1.2.1　基本逻辑门

逻辑门电路是指具有多个输入端和一个输出端的开关电路。它是按照一定的规律而动作的。这些电路像门一样按照一定的条件"开"或"关",所以又称"门"电路。逻辑门中逻辑的内涵是指一定的因果关系即"条件和结果的关系"。

为了简便地描述逻辑关系,通常用熟知的符号"0"和"1"来表示某一事物的对立状态,比如电位的"高"与"低",脉冲的"有"或"无",开关的"合"与"断",事物的"真"与"假"等。这里的 0 和 1 的概念,并不是通常在数学中表示数量的大小,而是作为一种表示符号,故称之逻辑"0"和逻辑"1"。在逻辑电路中,用"1"表示有信号或满足逻辑条件,用"0"表示无信号或不满足条件。通常,用电位的高、低控制门电路。如果用"1"表示高电平,用"0"表示低电平,则称这种表示方法为正逻辑。反之,若用"1"表示低电平,用"0"表示高电平则称负逻辑。本书在讨论各种逻辑关系时均采用正逻辑。

1.2.1.1　与门电路

1. 与逻辑关系

与逻辑关系如图 1－2 所示,开关 A 和 B 串联,与灯泡 Y 和电源 V_G 组成回路,使灯泡 Y 亮的条件是开关 A 和 B 同时闭合。只要有其中一个开关断开,灯泡 Y 都不会亮。这里开关 A、B 的闭合与灯泡 Y 亮的关系可描述为条件 A 和 B 同时满足时,事件才会发生,这种关系称为与逻辑关系,也称为逻辑乘。

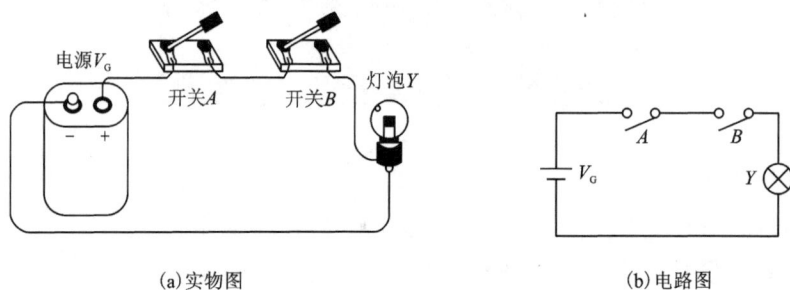

(a)实物图　　　　　　　　　　　　　　(b)电路图

图 1－2　与逻辑关系

开关 A、开关 B 的闭合与断开,灯泡 Y 的亮与灭的逻辑关系见表 1－1。

表 1－1　开关 A、B 与灯泡 Y 的逻辑关系表

输入		输出
开关 A	开关 B	灯泡 Y
断开	断开	灭
断开	闭合	灭
闭合	断开	灭
闭合	闭合	亮

2. 与逻辑真值表

真值表是一种表明逻辑门电路输入端状态和输出端状态逻辑对应关系的表格,它包括了全部可能的输入值组合及其对应的输出值。

若将开关的闭合规定为 1,开关的断开规定为 0;灯泡的亮规定为 1,灯泡的灭规定为 0,可根据表 1－1 得出与逻辑真值表如表 1－2 所示。

表 1－2　与逻辑真值表

输入		输出
A	B	Y
0	0	0
0	1	0
1	0	0
1	1	1

3. 与逻辑表达式

由表 1－2 我们可以看出,与逻辑可用如下逻辑函数式表达:

$$Y = A \cdot B \text{ 或 } Y = AB$$

4. 与逻辑符号

为了表达的方便,我们用一个图形符号来表示与门电路,与门电路图形符号如图 1－3 所示,与门输入端可以不止两个,但逻辑关系是一样的。

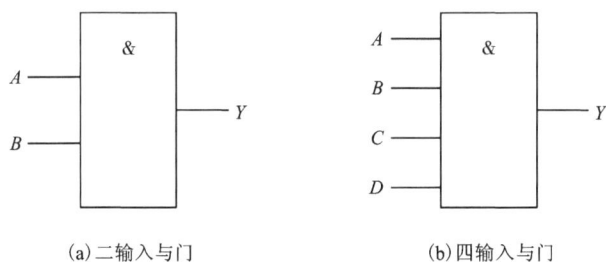

(a)二输入与门　　　　　(b)四输入与门

图 1－3　与门电路图形符号

5. 与逻辑功能

由表 1－2 我们还可以得出,与门电路的逻辑功能:"有 0 出 0,全 1 出 1。"

6. 二极管与门电路

能实现与逻辑功能的电路称为与门电路,简称与门,门电路可以用二极管、三极管、MOS 管和继电器等具有两种状态的分立元器件组成,也可以由集成电路组成。

图 1－4 所示是具有两个输入端的二极管与门电路。A、B 为输入端,假定它们的低电平为 0 V,高电平为 3 V,Y 为信号输出端。

(1)当 A、B 都处于低电平 0 V 时,二极管 V_1、V_2 都导通,$Y = 0$ V,输出低电平。(忽略二

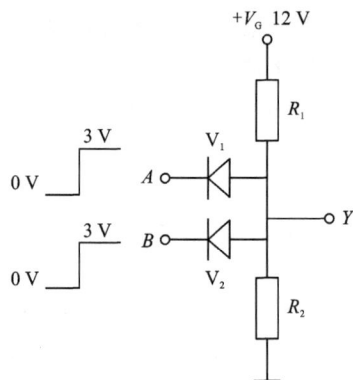

图 1-4 二极管与门电路

极管正向压降,下同)

（2）当 $A = 3$ V,$B = 0$ V 时,V_2 优先导通,输出 Y 端被箝位在 0 V,V_1 反偏而截止。

（3）当 $A = 0$ V,$B = 3$ V 时,V_1 优先导通,输出 Y 端被箝位在 0 V,V_2 反偏而截止。

（4）当 A、B 都处在高电平 3 V 时,二极管 V_1、V_2 都导通,$Y = 3$ V,输出高电平。

从上述分析可知,输入全为高电平时,输出也为高电平,即"全 1 出 1";输入端有一个或一个以上为低电平时,输出端为低电平,即"有 0 出 0",如表 1-3 所示。

表 1-3 二极管与门逻辑关系

输入		输出
A	B	Y
0 V	0 V	0 V
0 V	3 V	0 V
3 V	0 V	0 V
3 V	3 V	3 V

同样可以用逻辑函数表达式 $Y = AB$ 表示。

1.2.1.2 或门电路

1. 或逻辑关系

或逻辑关系如图 1-5 所示,开关 A 和 B 并联,与灯泡 Y 和电源 V_G 组成回路,使灯泡 Y 亮的条件是开关 A 和 B 至少有一个开关闭合。只有开关 A 和 B 都断开时,灯泡 Y 才不会亮。这里开关 A、B 的闭合与灯泡 Y 亮的关系可描述为只要条件 A 和 B 有一个满足时,事件就会发生,这种关系称为或逻辑关系,也称为逻辑加。

开关 A、开关 B 的闭合与断开,灯泡 Y 的亮与灭的逻辑关系见表 1-4。

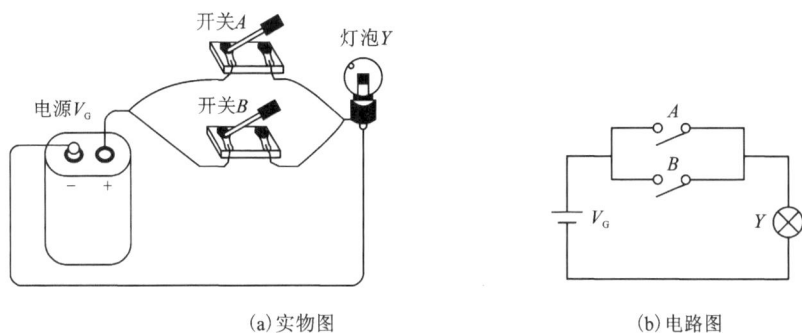

(a)实物图　　　　　　　　　(b)电路图

图1-5　或逻辑关系

表1-4　开关 A、B 与灯泡 Y 的逻辑关系表

输入		输出
开关 A	开关 B	灯泡 Y
断开	断开	灭
断开	闭合	亮
闭合	断开	亮
闭合	闭合	亮

2. 或逻辑真值表

若将开关的闭合规定为1，开关的断开规定为0；灯泡的亮规定为1，灯泡的灭规定为0，可根据表1-4得出或逻辑真值表如表1-5所示。

表1-5　或逻辑真值表

输入		输出
A	B	Y
0	0	0
0	1	1
1	0	1
1	1	1

3. 或逻辑表达式

由表1-5我们可以看出，或逻辑可用如下逻辑函数式表达：

$$Y = A + B$$

4. 或逻辑符号

或门电路图形符号如图1-6所示。

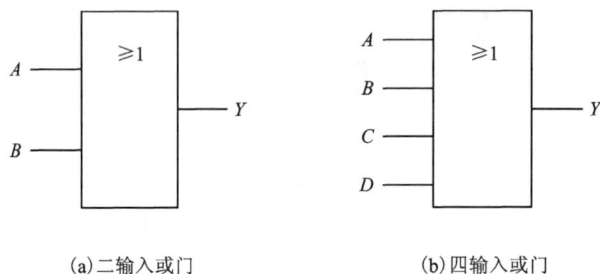

(a)二输入或门　　　　　　　(b)四输入或门

图 1 - 6　或门电路图形符号

5. 或逻辑功能

由表 1 - 5 我们还可以得出,或门电路的逻辑功能:"有 1 出 1,全 0 出 0。"

6. 二极管或门电路

图 1 - 7 所示是具有两个输入端的二极管或门电路。A、B 为输入端,假定它们的低电平为 0 V,高电平为 3 V,Y 为信号输出端。

(1)当 A、B 都处于低电平 0 V 时,二极管 V_1、V_2 都导通,$Y = 0$ V,输出低电平。(忽略二极管正向压降,下同)

(2)当 $A = 3$ V,$B = 0$ V 时,V_1 优先导通,输出 Y 端被箝位在 3 V,V_2 反偏而截止。

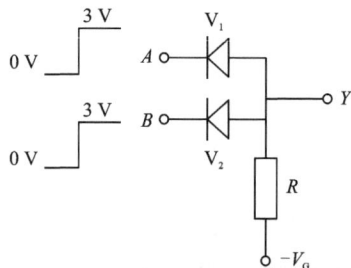

图 1 - 7　二极管或门电路

(3)当 $A = 0$ V,$B = 3$ V 时,V_2 优先导通,输出 Y 端被箝位在 3 V,V_1 反偏而截止。

(4)当 A、B 都处在高电平 3 V 时,二极管 V_1、V_2 都导通,$Y = 3$ V,输出高电平。

从上述分析可知,输入全为低电平时,输出也为低电平,即"全 0 出 0";输入端有一个或一个以上为高电平时,输出端为高电平,即"有 1 出 1",如表 1 - 6 所示。

表 1 - 6　二极管或门逻辑关系

输入		输出
A	B	Y
0 V	0 V	0 V
0 V	3 V	3 V
3 V	0 V	3 V
3 V	3 V	3 V

同样可以用逻辑函数表达式 $Y = A + B$ 表示。

1.2.1.3　非门电路

1. 非逻辑关系

非逻辑关系如图 1 - 8 所示,开关 A 与灯泡 Y 并联,当开关 A 断开时,灯泡 Y 亮;当开关 A 闭合时,灯泡 Y 灭;这里开关 A 的闭合与灯泡 Y 亮的关系可描述为事情(灯亮)和条件(开关)总是呈相反状态,这种关系称为非逻辑关系,也称为逻辑非。

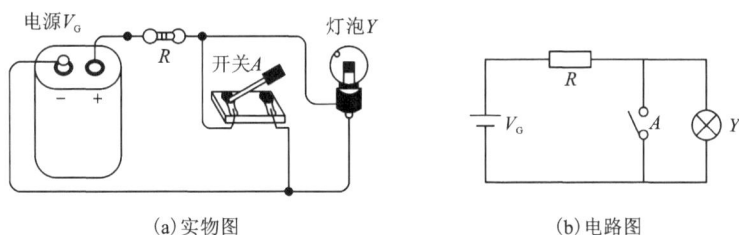

(a)实物图　　　　　　　　　　　　　(b)电路图

图 1 - 8　非逻辑关系

开关 A 的闭合与断开,灯泡 Y 的亮与灭的逻辑关系见表 1 - 7。

表 1 - 7　开关 A 与灯泡 Y 的逻辑关系表

输入	输出
开关 A	灯泡 Y
断开	亮
闭合	灭

2. 非逻辑真值表

若将开关的闭合规定为 1,开关的断开规定为 0;灯泡的亮规定为 1,灯泡的灭规定为 0,可根据表 1 - 7 得出非逻辑真值表如表 1 - 8 所示。

表 1 - 8　非逻辑真值表

输入	输出
A	Y
0	1
1	0

3. 非逻辑表达式

由表 1 - 8 我们可以看出,非逻辑可用如下逻辑函数式表达:

$$Y = \overline{A}$$

4. 非逻辑符号

非门电路图形符号如图1-9所示。

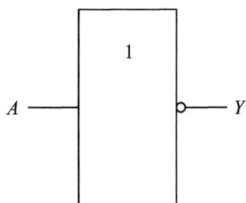

图1-9　非门电路图形符号

5. 非逻辑功能

由表1-8我们还可以得出,非门电路的逻辑功能:"入0出1,入1出0。"

6. 三极管非门电路

图1-10所示是三极管非门电路。A 为输入端,假定它们的低电平为0 V,高电平为3 V,Y 为信号输出端。

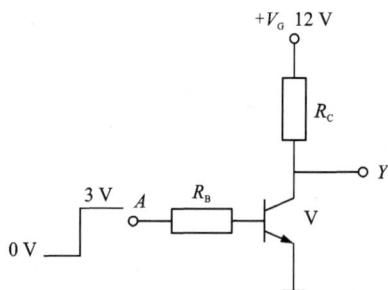

图1-10　三极管非门电路

(1)当 A 输入低电平0 V时,三极管 V 截止,$Y=12$ V,输出高电平。

(2)当 A 输入高电平3 V时,三极管 V 饱和导通,$Y=0$ V。(忽略三极管饱和压降)

从上述分析可知,输入为低电平时,输出为高电平,即"入0出1";输入为高电平时,输出为低电平,即"入1出0",如表1-9所示。

表1-9　三极管非门逻辑关系

输入	输出
A	Y
0 V	12 V
3 V	0 V

同样可以用逻辑函数表达式 $Y=\overline{A}$ 表示。

1.2.2   简单组合逻辑门

1.2.2.1   与非门

1. 与非门符号

在与门后面串接一个非门便组成了与非门，如图 1 – 11 所示。

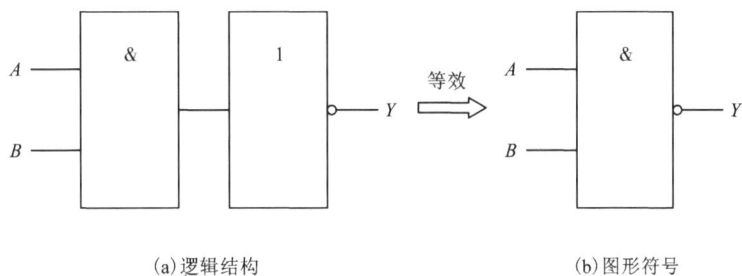

(a)逻辑结构   (b)图形符号

图 1 – 11   与非门

2. 与非门逻辑函数表达式

$$Y = \overline{A \cdot B}\text{或 } Y = \overline{AB}$$

3. 与非门真值表

与非门真值表见表 1 – 10。

表 1 – 10   与非门真值表

输入		输出
A	B	Y
0	0	1
0	1	1
1	0	1
1	1	0

4. 与非门逻辑功能

由真值表可知，与非门逻辑功能是："有 0 出 1，全 1 出 0。"

1.2.2.2   或非门

1. 或非门符号

在或门后面串接一个非门便组成了或非门，如图 1 – 12 所示。

2. 或非门逻辑函数表达式

$$Y = \overline{A + B}$$

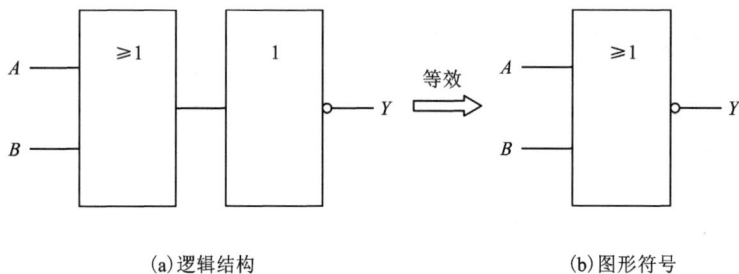

(a)逻辑结构　　　　　　　　(b)图形符号

图 1 – 12　或非门

3. 或非门真值表

或非门真值表见表 1 – 11。

表 1 – 11　或非门真值表

输入		输出
A	B	Y
0	0	1
0	1	0
1	0	0
1	1	0

4. 或非门功能

由真值表可知，或非门逻辑功能是："有 1 出 0，全 0 出 1。"

1.2.2.3　与或非门

1. 与或非门符号

与或非门一般由多个与门和一个或门，再和一个非门串联组成，如图 1 – 13 所示。

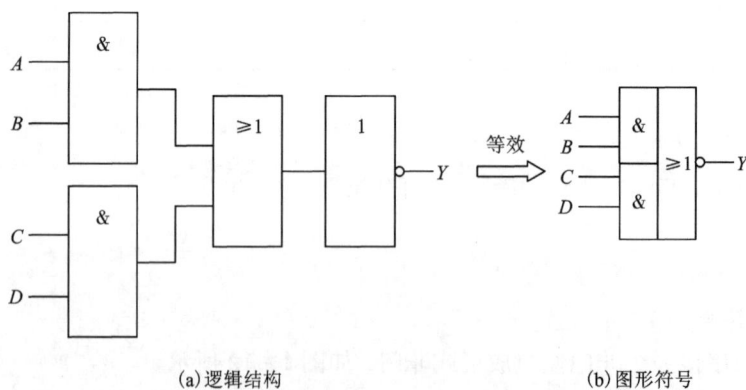

(a)逻辑结构　　　　　　　　(b)图形符号

图 1 – 13　与或非门

2. 与或非门逻辑函数表达式

$$Y = \overline{AB + CD}$$

3. 与或非门真值表

与或非门真值表见表 1-12。

表 1-12　与或非门真值表

输入				输出	输入				输出
A	B	C	D	Y	A	B	C	D	Y
0	0	0	0	1	1	0	0	0	1
0	0	0	1	1	1	0	0	1	1
0	0	1	0	1	1	0	1	0	1
0	0	1	1	0	1	0	1	1	0
0	1	0	0	1	1	1	0	0	0
0	1	0	1	1	1	1	0	1	0
0	1	1	0	1	1	1	1	0	0
0	1	1	1	0	1	1	1	1	0

4. 与或非门逻辑功能

由真值表可知与或非门逻辑功能是："各组有 0 出 1，一组全 1 出 0。"

1.2.2.4　异或门

1. 异或门符号

异或门的逻辑结构和逻辑符号如图 1-14 所示。

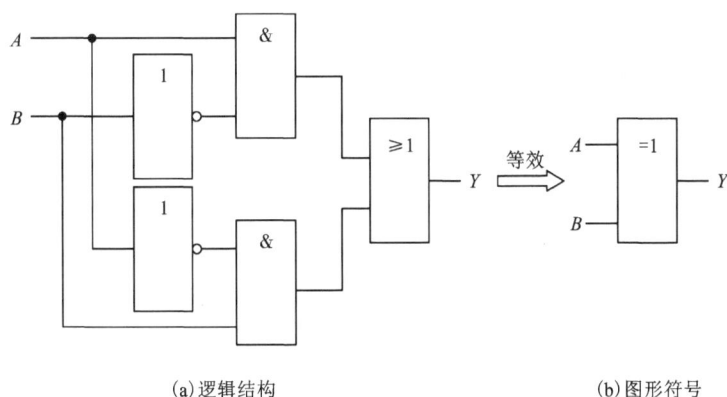

(a)逻辑结构　　　　　　　　　　　(b)图形符号

图 1-14　异或门

2. 异或门逻辑函数表达式

$Y = \overline{A}B + A\overline{B}$ 通常也可写成 $Y = A \oplus B$。

3. 异或门真值表

异或门真值表见表 1 – 13。

表 1 – 13　异或门真值表

输入		输出
A	B	Y
0	0	0
0	1	1
1	0	1
1	1	0

4. 异或门功能

由真值表可知,异或门逻辑功能是:"同出 0,异出 1。"

1.2.3　集成逻辑门

集成逻辑门电路(简称集成门电路)是构成门电路的元器件和连线制作在一块半导体芯片上再封装起来构成的。按内部所采用元器件的不同,可分为 TTL 和 CMOS 集成逻辑门电路两大类。

1.2.3.1　TTL 集成逻辑门电路

若 TTL 集成逻辑门电路内部的输入、输出级都采用三极管,则这种集成电路也称三极管 – 三极管逻辑门电路。

1. 产品系列和外形封装

TTL 集成逻辑门电路现主要有 74(标准中速)、74H(高速)、74S(肖特基超高速)、74LS(低功耗肖特基)和 74AS(先进的肖特基)等系列,74LS 系列为现代主要应用的产品。

TTL 集成门电路通常采用双列直插式外形封装,如图 1 – 15 所示。

TTL 集成逻辑门电路的型号由五部分构成,如 CT74LS××CP。第一部分字母 C 表示国标。第二部分字母 T 表示 TTL 电路。第三部分是器件系列和品种代号,74 表示国际通用 74 系列,54 表示军用系列;LS 表

图 1 – 15　常见双列直插式 TTL 集成逻辑门

示低功耗肖特基系列;××为品种代号。第四部分字母表示器件工作温度,C 为 0 ~ 70℃,G 为 – 25 ~ 70℃,L 为 – 25 ~ 85℃,E 为 – 40 ~ 85℃,R 为 – 55 ~ 85℃。第五部分字母表示器件封装,P 为塑料封装双列直插式,J 为黑瓷封装双列直插式。

CT74LS××CP 可简写(或简称)为 74LS×× 或 LS××。

2. 引脚识读

图1-16所示为部分74LS系列集成逻辑门电路的引脚排列。引脚编号的判断方法是：把凹槽标志置于左方，引脚向下，逆时针自下而上依次为引脚1、2、3、…。

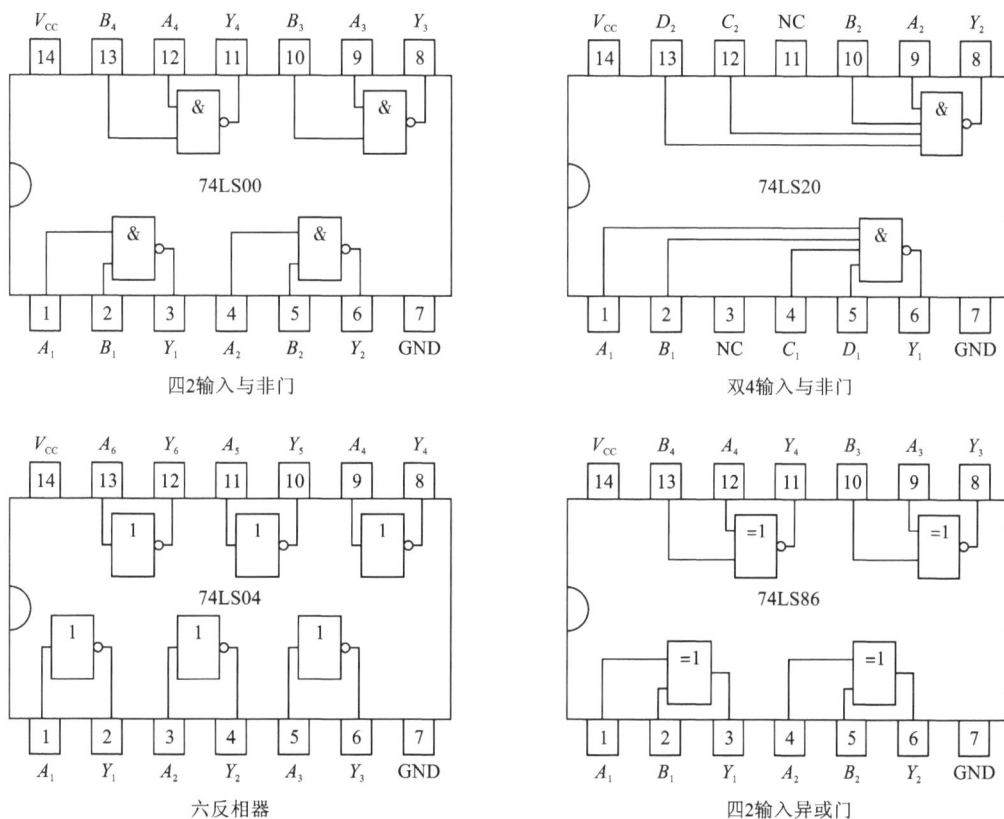

图1-16 部分74LS系列集成逻辑门电路的引脚排列

1.2.3.2 CMOS集成门电路

CMOS集成门电路是由PMOS场效应晶体管和NMOS场效应晶体管组成的互补电路。

1. 产品系列和外形封装

CMOS集成门电路系列较多，现有4000（普通）、74HC（高速）、74HCT（与TTL兼容）等产品系列，外形封装与TTL集成门电路相同。其中4000系列品种多、功能全，现仍被广泛使用。

CMOS集成门电路的型号由五部分构成，如CC74HC××RP。第一部分字母C表示国标。第二部分字母C表示CMOS电路。第三部分是器件系列和品牌代号，74表示国际通用74系列，54表示军用系列；HC表示高速CMOS系列；××为品种代号。第四部分字母表示器件工作温度，G为 -25~70℃，L为 -25~85℃，E为 -40~85℃，R为 -55~85℃，M为 -55~125℃。第五部分字母表示器件封装，P为塑料封装双列直插式，J为黑瓷封装双列直插式。

CC74HC××RP可简写（或简称）为74HC××或HC××（4000系列为40××）。

2. 引脚识读

CMOS 集成门电路通常采用双列直插式外形，引脚编号判断方法与 TTL 相同，如 CC4001 是四 2 输入或非门，CC4011 是四 2 输入与非门，都采用 14 引脚塑料封装双列直插式，其引脚排列如图 1－17 所示，V_{DD}、V_{SS} 与 TTL 的 V_{CC}、GND 表示字符不同，以示区别。

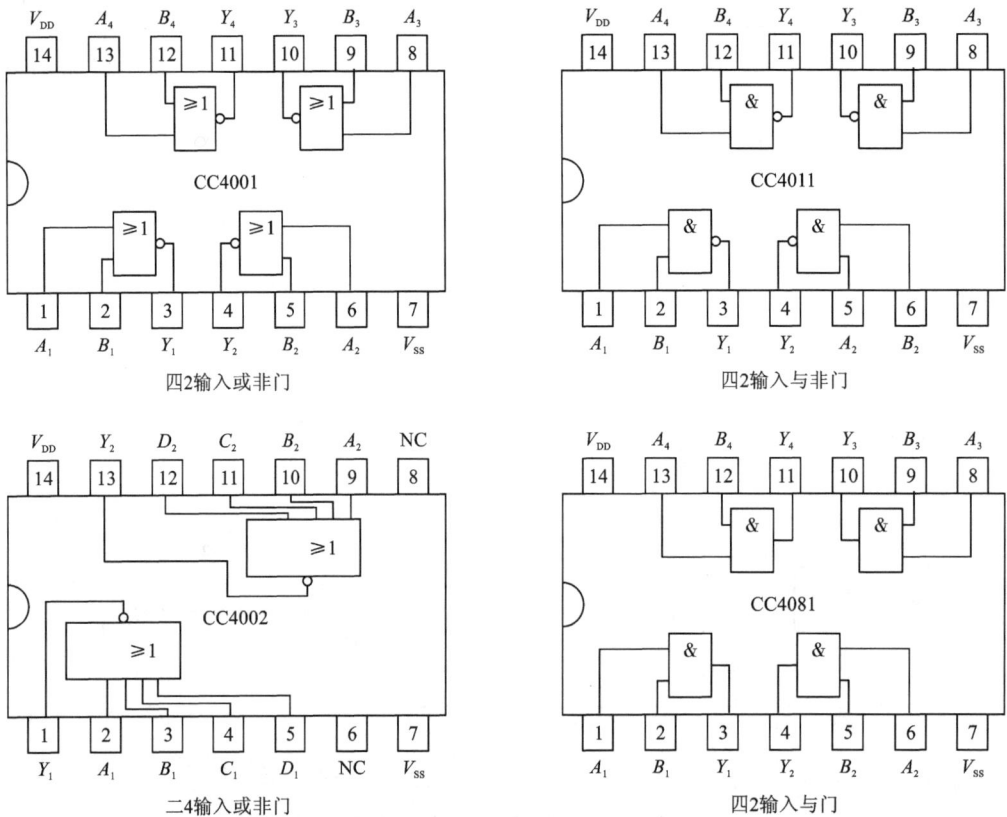

图 1－17　部分 CMOS 集成逻辑门电路的引脚排列

1.2.3.3　集成逻辑门电路的选用和使用注意事项

（1）若要求功耗低、抗干扰能力强，则应选用 CMOS 集成逻辑门电路，其中 4000 系列一般用于工作频率 1MHz 以下、驱动能力要求不高的场合；74HC 系列常用于工作频率 20MHz 以下、要求较强驱动能力的场合。

（2）若对功率和抗干扰能力要求一般，可选用 TTL 集成逻辑门电路。目前多用 74LS 系列，它的功耗较小，工作频率一般可用至 20 MHz；如工作频率较高，可选用 CT74ALS 系列，其工作频率一般可用至 50 MHz。

（3）各种 TTL 集成门都遵循电源为 + 5 V，采用正逻辑，高电平为 2.4 ~ 5 V，低电平为 0 ~ 0.4 V 等统一规定，所以不管它们的集成规模是否一样，系列是否相同，都可以直接连接。但当 TTL 集成门电路和其他形式的电路（如 CMOS 电路）连接时，就不能直接连接，中间需要经过电平转换电路，即接口电路。

（4）TTL 集成门多余输入端的处理方法：一是与其他输入端并联使用；二是将不用的输

入端按照电路功能要求接电源或接地,比如将与门、与非门的多余的输入端接电源,将或门、或非门的多余的输入端接地。

(5)CMOS 集成门多余输入端不应悬空,因为这样做会招致不必要的干扰,造成逻辑功能混乱;严重的还会在栅极感应出很高的电压,造成栅极击穿,损坏电路。多余输入端的处理方法:一是按逻辑功能的要求将多余的输入端接高电平或者低电平;二是根据逻辑功能将多余输入端与有用的输入端并联使用。

(6)TTL 集成门输出端不允许与电源或地直接短路。除三态输出或集电极开路输出外,其他门电路输出端不允许并联使用,以免输出高电平的器件对输出低电平的器件产生过大的负载电流;CMOS 集成门输出端一般不允许并联使用,不允许直接接电源,否则将导致器件损坏。

1.2.4　做中学

实验　测试 74LS00 的逻辑功能

(1)74LS00 芯片接通 +5 V 电源。第 14 引脚接电源正极,第 7 引脚接电源负极,如图 1-18 所示。

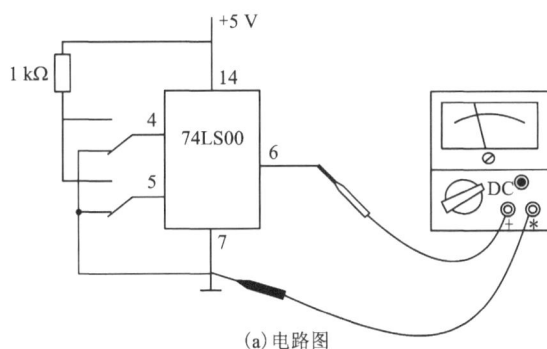

(a)电路图

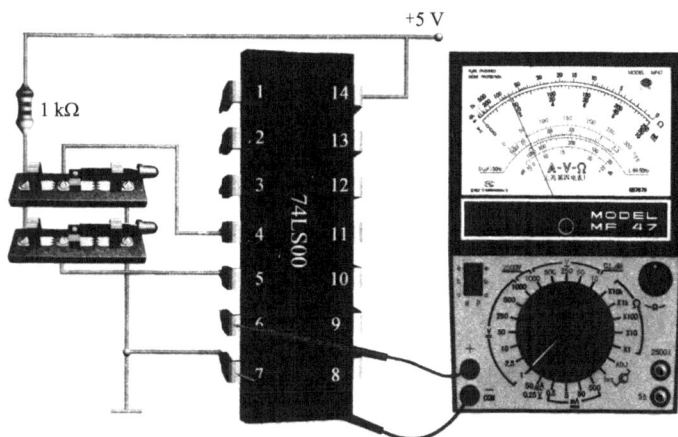

(b)实物连接图

图 1-18　74LS00 的逻辑功能测试

(2)74LS00 芯片的输入端按表 1 – 14 所示要求输入信号。输入端(即第 1 和 2 引脚、第 4 和 5 引脚、第 9 和 10 引脚、第 12 和 13 引脚)通过 1 kΩ 的电阻接正电源 V_{CC} 为高电平输入(1 状态),输入端用导线接地为低电平输入(0 状态)。

(3)用万用表直流电压挡测量 74LS00 芯片的输出端电压(即第 3、6、8、11 引脚对地的电压),输出高电平为 1 状态、输出低电平为 0 状态,请填入表 1 – 14 中。

表 1 – 14　与非门 74LS 逻辑功能测试表

A_1	B_1	Y_1	A_2	B_2	Y_2	A_3	B_3	Y_3	A_4	B_4	Y_4
0	0		0	0		0	0		0	0	
0	1		0	1		0	1		0	1	
1	0		1	0		1	0		1	0	
1	1		1	1		1	1		1	1	

1.2.5　数制与编码

1.2.5.1　数制

数制就是计数的方法。按进位方法的不同,有"逢十进一"的十进制计数,还有"逢二进一"的二进制计数和"逢十六进一"的十六进制计数等。

1. 十进制

十进制有如下特点:

(1)十进制数有 0、1、2、3、4、5、6、7、8、9 共十个符号,这些符号称为数码。

(2)相邻位的关系高位为低位的十倍,逢十进一,借一当十。

(3)数码位置的不同,所表示的值就不同,数码位置分十分位、个位、十位、百位、…。

例如:$(246.134)_{10} = 2 \times 10^2 + 4 \times 10^1 + 6 \times 10^0 + 1 \times 10^{-1} + 3 \times 10^{-2} + 4 \times 10^{-3}$,式中 10^2、10^1、10^0、10^{-1}、10^{-2}、10^{-3} 是各位数码的"位权"。在十进制中,位权是 10 的整数幂。

2. 二进制

(1)二进制仅有 0 和 1 两个不同的数码。

(2)相邻位的关系为逢二进一,借一当二。

(3)数码的位权是 2 的整数幂。

例如:$(1011)_2 = 1 \times 2^3 + 0 \times 2^2 + 1 \times 2^1 + 1 \times 2^0$

$(10011.01)_2 = 1 \times 2^4 + 0 \times 2^3 + 0 \times 2^2 + 1 \times 2^1 + 1 \times 2^0 + 0 \times 2^{-1} + 1 \times 2^{-2}$

(4)二进制的加减运算以下面的例题进行介绍。

例 1.1　求 10011010 + 111010 = ?

解:在加法运算时,要注意"逢二进一"的原则,即遇到 2 就向相邻高位进 1,本位为 0。

```
      1 0 0 1 1 0 1 0   …………被加数
  +       1 1 1 0 1 0   …………加数
  ─────────────────────
      1 1 0 1 0 1 0 0   …………和
```

例 1.2　求 11001100 − 100101 = ？

解：减法运算时，运算法则是"借一当二"，即遇到 0 减 1 时，本位不够，需向高位借一，在本位作二使用。

$$
\begin{array}{r}
1\,1\,0\,0\,1\,1\,0\,0 \quad\cdots\cdots\cdots\text{被减数}\\
-\quad\quad 1\,0\,0\,1\,0\,1 \quad\cdots\cdots\cdots\text{减数}\\
\hline
1\,0\,1\,0\,0\,1\,1\,1 \quad\cdots\cdots\cdots\text{差}
\end{array}
$$

当位数较多时，二进制数比较难以读取和书写，为了减少位数可将二进制数用十六进制数来表示。

3. 十六进制

十六进制数有 0、1、2、3、4、5、6、7、8、9、A、B、C、D、E、F 共十六个不同数码。符号 A ~ F 分别代表十进制数的 10 ~ 15。各位的位权是 16 的整数幂，其计数规律是逢十六进一，借一当十六。

例如，十六进制 $(5BE)_{16}$ 可以表示为

$$(5BE)_{16} = 5 \times 16^2 + B \times 16^1 + E \times 16^0$$

表 1 – 15 列出了十六进制数与二进制数及十进制数的对照表。

表 1 – 15　数码对照表

数制	数码表示方法															
十六进制	0	1	2	3	4	5	6	7	8	9	A	B	C	D	E	F
二进制	0	1	10	11	100	101	110	111	1000	1001	1010	1011	1100	1101	1110	1111
十进制	0	1	2	3	4	5	6	7	8	9	10	11	12	13	14	15

4. 不同数制的转换

（1）非十进制数转换为十进制数。

可将非十进制数按位权展开，得出其相加结果，就是对应的十进制数。

例 1.3　$(111011)_2 = 1 \times 2^5 + 1 \times 2^4 + 1 \times 2^3 + 0 \times 2^2 + 1 \times 2^1 + 1 \times 2^0$
$$= 2^5 + 2^4 + 2^3 + 2^1 + 1$$
$$= 59$$

例 1.4　$(8FA.5)_{16} = 8 \times 16^2 + 15 \times 16^1 + 10 \times 16^0 + 5 \times 16^{-1}$
$$= (2298.3125)_{10}$$

（2）十进制整数转换为二进制数。

可将十进制整数逐次用 2 除取余数，一直到商为零。然后把全部余数按相反的次序排列起来，就是等值的二进制数。

例 1.5　将十进制数 236 转化为二进制数。

解：

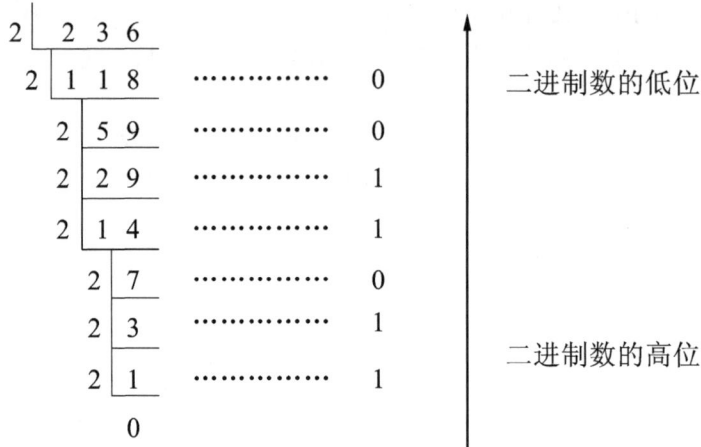

所以 $(236)_{10} = (11101100)_2$

（3）二进制整数转换为八进制数。

可将二进制整数自右向左每 3 位分为一组，最后不足 3 位的，高位用零补足，再把每 3 位二进制数按 421 规律写出对应的八进制数即可。

例 1.6　将二进制数 11010111 转换为八进制数。

解：

$$\underset{3\quad 2\quad 7}{\underline{011}\ \underline{010}\ \underline{111}}$$

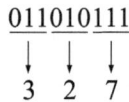

所以 $(11010111)_2 = (327)_8$

（4）二进制整数转换为十六进制数。

可将二进制整数自右向左每 4 位分为一组，最后不足 4 位的，高位用零补足，再把每 4 位二进制数按 8421 规律写出对应的十六进制数即可。

例 1.7　将二进制数 111011 转换为十六进制数。

解：

$$\underset{3\qquad B}{\underline{0011}\ \underline{1011}}$$

所以 $(111011)_2 = (3B)_{16}$

1.2.5.2　编码

数码不仅可以表示数值的大小，而且还能用来表示各类特定的对象。例如一栋教学楼的每一间教室都有自己的一个号码，如 101、102 等。显然，这些号码只是用来区别不同的教室，已失去数值的大小的含义。

这种用数码来表示特定对象的过程称为编码，用于编码的数码称为代码。编码的方法有很多种，各种编码的制式称为码制。

1. 二进制代码

数字电路处理的信息，一类是数值，另一类则是文字和符号。这些信息往往采用多位二进制数码来表示。通常把这种表示特定对象的多位二进制数码称为二进制代码。

二进制代码与所表示的信息之间应具有一一对应的关系，用 n 位二进制数可以组合成 2^n 个代码，若需要编码的信息有 N 项，则应满足 $2^n \geq N$。

2. BCD 码

在数字电路中，各种数据要转换为二进制代码才能进行处理，但人们习惯于使用十进制，所以在数字电路的输入、输出中仍采用十进制数，电路处理时则采用二进制数。这样就产生了 4 位二进制数分别表示 0~9 这 10 个十进制数码的编码方法。这种用于表示 1 位十进制数的 4 位二进制代码称为二 – 十进制代码，简称 BCD 码。

由于 4 位二进制数可以组成 $16(2^4)$ 个代码，而十进制数码只需要其中的 10 个代码，因此，在 16 种组合中选取 10 种组合方式，便可得到二 – 十进制编码的方案。表 1 – 16 所示是三种常见的 BCD 码。

表 1 – 16　三种常见的 BCD 码

十进制数	8421 码	5421 码	余三码
0	0 0 0 0	0 0 0 0	0 0 1 1
1	0 0 0 1	0 0 0 1	0 1 0 0
2	0 0 1 0	0 0 1 0	0 1 0 1
3	0 0 1 1	0 0 1 1	0 1 1 0
4	0 1 0 0	0 1 0 0	0 1 1 1
5	0 1 0 1	1 0 0 0	1 0 0 0
6	0 1 1 0	1 0 0 1	1 0 0 1
7	0 1 1 1	1 0 1 0	1 0 1 0
8	1 0 0 0	1 0 1 1	1 0 1 1
9	1 0 0 1	1 1 0 0	1 1 0 0

8421BCD 码是使用最多的一种编码，在用 4 位二进制数来表示 1 位十进制数时，每 1 位二进制数的位权依次为 2^3、2^2、2^1、2^0，即 8421 码。从表 1 – 16 中可以发现，8421 码选取 0000—1001 前十种组合来表示十进制数，而后六种组合舍去不用。

例 1.8　将十进制数 15 用 8421BCD 码表示。

解：十进制数　　　1　　　　5

　　8421 码　　　0001　　0101

则 $(15)_{10} = (00010101)_{8421}$

例 1.9　将十进制数 430 用 8421BCD 码表示。

解：十进制数　　　4　　　3　　　0

　　8421 码　　　0100　　0011　　0000

则 $(430)_{10} = (010000110000)_{8421}$

1.2.6　逻辑代数的化简

在数字电路中，电路的状态用 1 和 0 表示，所以输出与输入之间的关系可以用二进制代数为其数学工具。二进制代数就是逻辑代数(又称布尔代数),它有一些基本的运算定律,应用这些定律可把一些复杂的逻辑函数式经恒等变换,化为较简单的函数表达式,从而用比较少的电路元件实现相同的逻辑功能,这不仅可以降低电路成本,还可以提高电路工作的可靠性。

1.2.6.1　逻辑代数的运算法则

1. 基本公式

表1-17列出了逻辑代数的基本公式,公式的证明最直接的办法就是用真值表证明。若等式两边逻辑函数的真值表相同,则等式成立。

表1-17　逻辑代数的基本公式

说明	公式名称	与运算公式	或运算公式
变量与常量的关系	01律	$A \cdot 1 = A$	$A + 1 = 1$
		$A \cdot 0 = 0$	$A \cdot 1 = A$
和普通代数相似的定律	交换律	$A \cdot B = B \cdot A$	$A + B = B + A$
	结合律	$A \cdot (B \cdot C) = (A \cdot B) \cdot C$	$A + (B + C) = (A + B) + C$
	分配律	$A \cdot (B + C) = A \cdot B + A \cdot C$	$A + (B \cdot C) = (A + B)(A + C)$
逻辑代数特有的定律	互补律	$A \cdot \bar{A} = 0$	$A + \bar{A} = 1$
	同一律	$A \cdot A = A$	$A + A = A$
	摩根律	$\overline{AB} = \bar{A} + \bar{B}$	$\overline{A + B} = \bar{A} \cdot \bar{B}$
	非非律	$\bar{\bar{A}} = A$	

可以用表1-18所示的真值表验证摩根定律$\overline{AB} = \bar{A} + \bar{B}$。

表1-18　真值表验证摩根定律

输入		输出	
A	B	$\overline{A \cdot B}$	$\bar{A} + \bar{B}$
0	0	1	1
0	1	1	1
1	0	1	1
1	1	0	0

结论:$\overline{A \cdot B} = \bar{A} + \bar{B}$成立。

2. 常用公式

利用前面介绍的基本公式,可以推导出一些常用公式。表1-19列出了一些逻辑代数中常用的公式及推导证明过程。

表 1 - 19　逻辑代数中常用的公式及推导证明过程

说明	公式	证明
消去互为反变量的因子	$AB + A\bar{B} = A$	$AB + A\bar{B} = A(B + \bar{B}) = A$
消去多余项	$A + AB = A$	$A + AB = A(1 + B) = A$
消去含有另一项的反变量的因子	$A + \bar{A}B = A + B$	$A + B = (A + B)(A + \bar{A}) = A + AB + \bar{A}B = A + \bar{A}B$
消去冗余项	$AB + \bar{A}C + BC = AB + \bar{A}C$	$AB + \bar{A}C + BC = AB + \bar{A}C + BC(A + \bar{A})$ $= AB + \bar{A}C + ABC + \bar{A}BC = AB + \bar{A}C$

1.2.6.2　逻辑函数的公式化简

从实际逻辑问题概括出来的逻辑函数表达式往往不是最简的,因此,一般对逻辑函数表达式都要进行化简。

1. 提公因式后用 $A + \bar{A} = 1$ 或 $A + 1 = 1$ 化简

例 1.10　化简逻辑函数
$$Y = ABC + A\overline{BC}$$
解: $Y = ABC + A\overline{BC} = A(BC + \overline{BC}) = A \cdot 1 = A$

例 1.11　化简逻辑函数
$$Y = \bar{A}B + \bar{A}B\overline{CD}$$
解: $Y = \bar{A}B + \bar{A}B\overline{CD} = \bar{A}B(1 + \overline{CD}) = \bar{A}B$

例 1.12　化简逻辑函数
$$Y = \bar{A}B + A\bar{B} + AB$$
解: $Y = \bar{A}B + A\bar{B} + AB = \bar{A}B + A\bar{B} + AB + AB = B(\bar{A} + A) + A(\bar{B} + B) = A + B$

注: 式中 AB 一项可被多次利用,因为 $AB + AB = AB$

2. 利用公式 $A + \bar{A}B = A + B$ 化简

例 1.13　化简逻辑函数
$$Y = \bar{A}B + \bar{A}\,\bar{B}C$$
解: $Y = \bar{A}B + \bar{A}\,\bar{B}C = \bar{A}(B + \bar{B}C) = \bar{A}(B + C) = \bar{A}B + \bar{A}C$

3. 利用摩根定律化简

例 1.14　化简逻辑函数
$$Y = B + \overline{\bar{B} + \overline{CD}}$$
解: $Y = B + \overline{\bar{B} + \overline{CD}} = B + \bar{\bar{B}} \cdot \overline{\overline{CD}} = B + BCD = B(1 + CD) = B$

在实际中,用公式法化简逻辑函数表达式时往往需要灵活、交替地综合运用上述方法,才能得到最简的表达式。

1.2.7　逻辑电路图、真值表与逻辑函数的关系

任何一个逻辑电路,其输入和输出状态的逻辑关系,可用逻辑函数式表示,反之,任何一个逻辑函数式总可以由逻辑电路与之对应;逻辑函数表达了逻辑电路的组成,其具体功能

可用真值表表示,反之,由真值表可以写出相应的逻辑函数式。由此可见,逻辑电路、真值表与逻辑函数之间有着密切的联系,且可以互换。

1.2.7.1　逻辑电路与逻辑函数式之间的互换

1. 由逻辑电路图转化为逻辑表达式

方法:从逻辑电路图的输入端开始,逐级写出各门电路的逻辑表达式,一直到输出端。

例1.15　写出图1-19所示电路的函数表达式。

解:①依次写出Y_1、Y_2、Y_3的逻辑表达式:
$$Y_1 = \overline{AB}$$
$$Y_2 = A \cdot Y_1 = A \cdot \overline{AB};$$
$$Y_3 = Y_1 \cdot B = \overline{AB} \cdot B$$

②写出Y的表达式:
$$Y = Y_2 + Y_3 = A \cdot \overline{AB} + \overline{AB} \cdot B$$

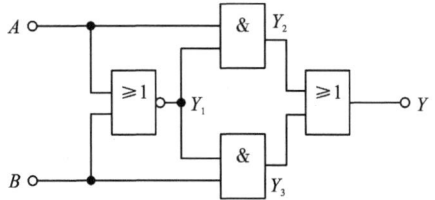
图1-19　例1.15的图

2. 由逻辑表达式转化为逻辑电路图

方法:根据逻辑表达式中逻辑运算的优先级(逻辑运算的优先级是非→与→或,有括号先算括号)用相应的门电路实现对应的逻辑运算。

例1.16　根据逻辑表达式$Y = (A + B) \cdot \overline{\overline{A} + B}$画出逻辑电路图。

解:①先分析逻辑表达式的优先级:

或运算 或非运算→第一级运算

与运算→第二级运算

输出

②根据分析结果,画出逻辑电路图,如图1-20所示。

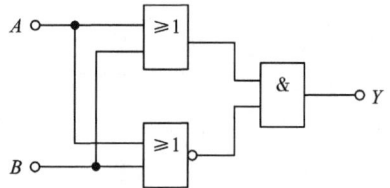
图1-20　例1.16的图

1.2.7.2　逻辑表达式与真值表之间的互换

1. 逻辑表达式转化为真值表

方法:①确定输入端的状态组合数:若输入端数为n,则输入端所有状态的组合数为2^n。

②列真值表时,接$(n+1)$列、(2^n+2)行画好表格(其中输入n列,输出1列;组合数2^n行,项目行2行)。然后将输入栏从右到左,第1列从上到下填入0、1、0、1、0、1、…,填满为止;第2列从上到下填入0、0、1、1、0、0、1、1、…,填满为止;第3列从上到下填入0、0、0、0、1、1、1、1、…,填满为止;以此类推,直到填满所有的输入栏。

③最后将每一行中的输入状态分别代入表达式中,计算出结果并填入到真值表的输出栏中相应位置。

例1.17　列出$Y = (A + B)\overline{AB}$的真值表。

解:①输入端数为2(A、B),输出端所有状态的组合数为$2^2 = 4$。

②输入端有2个,加上输出1列共3列,4行加2行项目行共6行,画出真值表如表1-20。然后按输入状态从右到左,第一列从上到下填入0、1、0、1,第二列从上到下填入0、0、1、1。

表 1-20　例 1.17 真值表

输入		输出
A	B	Y
0	0	0
0	1	1
1	0	1
1	1	0

③根据表达式计算出每一列的输出状态并填入表 1-20 中。

$A = 0$, $B = 0$ 时, $Y = 0$;

$A = 0$, $B = 1$ 时, $Y = 1$;

$A = 1$, $B = 0$ 时, $Y = 1$;

$A = 1$, $B = 1$ 时, $Y = 0$。

2. 由真值表转化为逻辑表达式

方法: ①从真值表中找出输出为"1"的各行, 把每行的输入变量写成乘积项, 若输入状态为"0"则写成"非"的形式, 否则为原变量。

②相加各乘积项就得到逻辑表达式。

例 1.18　根据真值表表 1-21 写出逻辑函数表达式。

表 1-21　例 1.18 真值表

输入			输出	
A	B	C	Y	
0	0	0	0	
0	0	1	1	$\bar{A}\,\bar{B}C$
0	1	0	0	
0	1	1	1	$\bar{A}BC$
1	0	0	0	
1	0	1	0	
1	1	0	0	
1	1	1	1	ABC

解:

①从真值表中找出为"1"的各行, 共有 3 行(2、4、8), 把每一行输入变量写成乘积项。

②相加各乘积项就得到逻辑表达式:

$$Y = \bar{A}\,\bar{B}C + \bar{A}BC + ABC$$

1.3 任务实现

1.3.1 认识电路组成

该三人表决器电路主要由按键输入电路、逻辑运算电路和输出显示电路三部分组成。其组成方框图如图 1 - 21 所示。

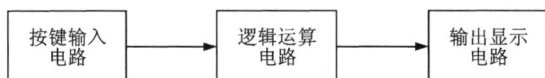

图 1 - 21 三人表决器组成方框图

电路原理图如图 1 - 22 所示，S_A、R_1、S_B、R_2、S_C、R_3 组成三路按键输入电路，IC_1（74LS00）和 IC_2（74LS10）组成逻辑运算电路，R_4 和 LED 组成输出显示电路。

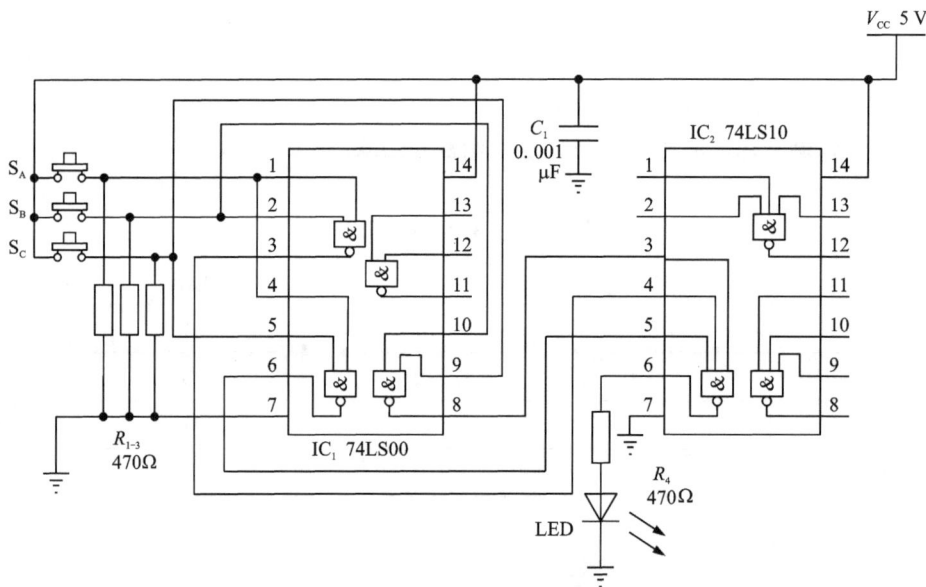

图 1 - 22 三人表决器电路原理图

1.3.2 认识工作过程

（1）只按下一个按键：如 S_A 按下，S_B、S_C 未按下时，IC_1 第 1、4 脚高电平（逻辑 1），第 2、5、9、10 脚低电平（逻辑 0），根据与非门逻辑功能可知 IC_1 的第 3、6、8 均输出高电平（逻辑 1），送到 IC_2 的第 3、4、5 脚经 IC_2 与非后从第 6 脚输出低电平，LED 不发亮。只按下 S_B 或 S_C 请读者自行分析。

（2）按下二个按键：如 S_A、S_B 按下，S_C 未按下时，IC_1 第 1、2、4、10 脚为高电平，第 5、9

脚为低电平，根据与非门逻辑功能可知 IC$_1$ 的第 3 脚输出低电平，第 6、8 均输出高电平，送到 IC$_2$ 的第 3、4、5 脚经 IC$_2$ 与非后从第 6 脚输出高电平，LED 发亮。按下 S$_B$、S$_C$，或按下 S$_A$、S$_C$ 请读者自行分析。

（3）按下三个按键：IC$_1$ 第 1、2、4、5、9、10 脚为高电平，根据与非门逻辑功能可知 IC$_1$ 的第 3、6、8 脚输出低电平，送到 IC$_2$ 的第 3、4、5 脚经 IC$_2$ 与非后从第 6 脚输出高电平，LED 发亮。

1.3.3　元器件的选用与检测

1. 元器件的选用

$R_1 \sim R_4$ 选用 1/4 W 金属膜电阻器或碳膜电阻器；C_1 选用瓷片电容器；S$_A \sim$ S$_C$ 选用 6 mm ×6 mm×5 mm 按键；LED 选用 5 mm 发光二极管；IC$_1$ 选用 74LS00 集成电路、IC$_2$ 选用 74LS10 集成电路。元器件选用清单见表 1 – 22。

表 1 – 22　三人表决器元器件清单

序号	类型	标号	参数	数量	质量检测	备注
1	电阻器	R_1、R_2、R_3、R_4	470 Ω	4	实测：	
2	电容器	C_1	0.01 μF	1	实测：	
3	发光二极管	LED	5 mm	1	实测：	
序号	类型	标号	参数	数量	引脚、内部逻辑图及质量检测	备注
4	按钮开关	S$_A$、S$_B$、S$_C$	6 mm ×6 mm ×5 mm	3		
5	集成电路	IC$_1$	74LS00	1		
6		IC$_2$	74LS10	1		

2. 特殊元器件外形

特殊元器件外形如图 1 – 23 所示。

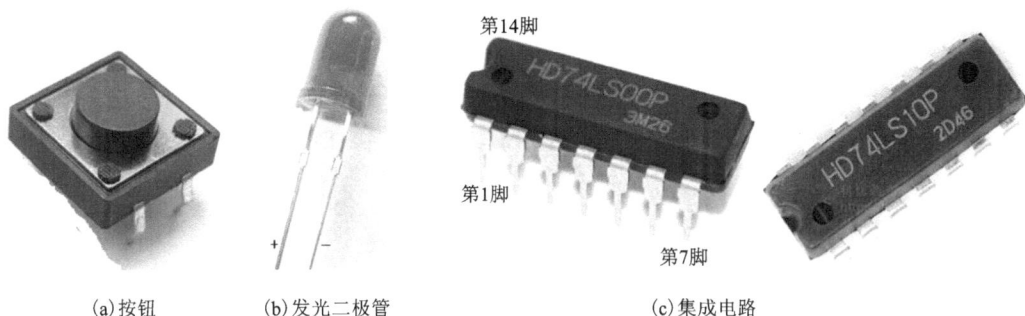

（a）按钮　　　（b）发光二极管　　　（c）集成电路

图 1 – 23　特殊元器件外形图

3. 元器件的检测

(1)电阻器。

根据电阻器色环估算电阻器阻值,选择万用表电阻挡的合适量程,用万用表二表笔与电阻器两个引脚连接(注意:手不能同时接触电阻器两个引脚),然后读数看是否在允许范围内。将检测结果填入表1-22中。

(2)瓷片电容器。

根据电容器标称参数选择万用表电容挡的合适量程,将电容器插入万用表电容挡孔中,然后读数看是否在允许范围内。将检测结果填入表1-22中。

(3)发光二极管。

发光二极管长引脚为正极,短引脚为负极。选择万用表二极管挡,将红表笔接二极管正极,黑表笔接二极管负极,观察二极管是否发出微亮。将检测结果填入表1-22中。

(4)按键开关。

选择万用表二极管挡,两表笔分别接开关引脚,断开按键时看是否显示"1",按下按键时看是否显示"0",同时蜂鸣。也可用电阻挡检测。将检测结果填入表1-22中。

(5)集成电路。

用万用表二极管挡测量集成电路各引脚之间的电阻,看是否短路,查阅资料完成并把结果填入表1-22中。

1.3.4　电路安装

1. 识读电路板

根据电路板实物,参考电路原理图清理电路,查看电路板是否有短路或开路的地方,熟悉各器件在电路板中的位置。三人表决器电路元器件布局如图1-24所示。

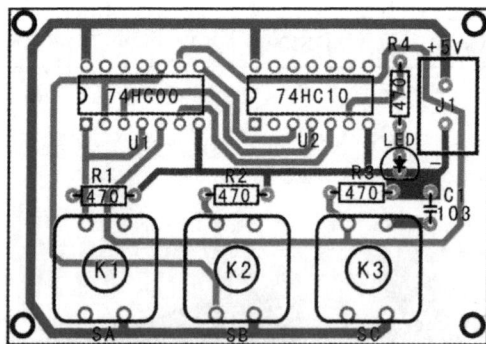

图1-24　三人表决器电路元器件布局图

2. 安装原则

按照先小件后大件的顺序安装,即按电阻器、瓷片电容器、集成电路、发光二极管、按钮开关的顺序安装焊接。

3. 元器件安装

(1)电阻器的安装。

将电阻器按照电路板器件间距进行整形(注意:器件引线弯曲处要有圆弧形,其半径不得小于引线直径的两倍);插入对应位置(注意:色标方向一致,以便目视识别);焊接(注意:电阻应紧贴电路板插装焊接)。

(2)电容器的安装。

将电容器按照电路板器件间距进行整形;插入对应位置(注意:参数尽量朝外,以便目视识别);焊接(注意:陶瓷电容应在离电路板 4~6 mm 处插装焊接)。

(3)二极管的安装。

按照电路板器件间距进行整形,插入对应位置,离电路板 4~6 mm 处插装焊接(注意极性,别搞错)。

(4)集成电路的安装。

插入对应位置(注意:引脚方向,别搞错);焊接(注意:紧贴电路板插装焊接,焊接时间不要太长)。

(5)按钮开关和电源插座安装。

插入对应位置,紧贴电路板插装焊接。

1.3.5　电路调试与检测

1. 电路调试

(1)安装结束,检查焊点质量(重点检查是否有错焊、漏焊、虚假焊、短路)和器件安装是否正确(重点检查发光二极管、集成电路)之后,方可通电。

(2)通电观察电路是否有异常现象(声响、冒烟),如有应立即停止通电,查明原因。

(3)通电后按下任意一个按钮,任意两个按钮,或三个按钮全按下,观察发光二极管的发光情况。

2. 电路检测

通电情况下,按照下列要求用万用表检测集成电路电压,完成表 1-23。

表 1-23　三人表决器关键点电压检测值

条件	IC₁									IC₂			
	1	2	3	4	5	6	9	10	8	3	4	5	6
按下 S_A													
按下 S_B													
按下 S_C													
按下 S_A、S_B													
按下 S_A、S_C													
按下 S_B、S_C													
按下 S_A、S_B、S_C													

1.4　考核评价

三人表决器的制作评价标准见表 1-24。

表 1 – 24 三人表决器的制作评价标准

考核项目	评分点	分值	评分标准	得分
三人表决器 的制作	电路识图	5	能正确理解电路的工作原理，否则视情况扣 1～5 分	
	电路板制作	30	按电路原理图制作出电路板，要求设计合理、美观，每错一处扣 1 分，扣完为止	
	元件质量 判定	15	正确识别元件，每错一处扣 1 分，扣完为止	
	电路焊接	20	元器件引脚成型符合要求，元器件装配到位；装配高度、装配形式符合要求；外壳及紧固件装配到位，不松动、不压线。不合要求每处扣 1 分	
	电路调试	15	不能正确使用仪表测量每次扣 3 分，数据测试错误每次扣 2 分，分析报告不完整或错误视情况扣 1～5 分，扣完为止	
	电路检修	15	通电工作正常，如有故障应进行排除，不能排除视情况扣 3～15 分	
小计		100		
职业素养与 操作考核	学习态度	20	不参与团队讨论，不完成团队布置的任务，抄袭作业或作品，发现一次扣 2 分，扣完为止	
	学习纪律	20	每缺课 1 次扣 5 分；每迟到 1 次扣 2 分；上课玩手机、玩游戏、睡觉，发现一次扣 2 分。扣完为止	
	团队精神	20	不服从团队的安排；与团队成员间发生与学习无关的争吵；发现团队成员做得不好或不到位或不会的地方不指出、不帮助；团队或团队成员弄虚作假，发现一次，此项计 0 分；其他项，每发现一次扣 2.5 分，扣完为止	
	操作规范	20	操作过程不符合安全操作规程；仪器设备的使用不符合相关操作规程；工具摆放不规范；物料、器件摆放不规范；工作台位台面不清洁、不按规定要求摆放物品；任务完成后不整理、清理工作台；任务完成后不按要求清扫场地内卫生；每发现一项扣 2 分，扣完为止。如出现触电、火灾、人身伤害、设备损坏等安全事故，此项记 0 分	
	行为举止	20	着装不符合规定要求；随地乱吐、乱涂、乱扔垃圾(食品袋、废纸、纸巾、饮料瓶)等；在非吸烟区吸烟；语言不文明，讲脏话；每项扣 1～5 分，扣完为止	
小计		100		

建议：1. 本项目的技能考核、职业素养与操作规范考核按 10% 比例折算计入总分；2. 理论考核根据全学期训练项目对应的理论知识在期末进行考核，本项目内容占理论试卷的 20%，按 10% 折算计入总分。

1.5　拓展提高

声光控延时开关的制作

声光控延时开关电路如图 1 – 25 所示。请根据原理图及所学知识分析电路工作原理,查阅相关资料列出所需元器件清单,自行采购相应器件,参考实物布局,用万能板进行设计、组装、调试,项目完成后,撰写制作心得体会。

图 1 – 25　声光控延时开关电路

1.6　同步练习

1.6.1　填空题

1. 在逻辑电路中假定用 1 表示高电平,用 0 表示低电平,称为＿＿＿＿＿＿逻辑。用 1 表示低电平,用 0 表示高电平,称为＿＿＿＿＿＿逻辑。基本逻辑门电路有＿＿＿＿＿＿、＿＿＿＿＿＿和＿＿＿＿＿＿。

2. 与非门的逻辑功能是＿＿＿＿＿＿,或非门的逻辑功能是＿＿＿＿＿＿。

3. 异或门在数字电路中作为判断＿＿＿＿＿＿的门电路。它的逻辑函数表达式为＿＿＿＿＿＿。

4. TTL 集成逻辑门电路指＿＿＿＿＿＿逻辑门电路,它的输入和输出都由＿＿＿＿＿＿组成。

5. CMOS 电路是由＿＿＿＿＿＿和＿＿＿＿＿＿组成的互补电路,是一种应用广泛、前景广阔的集成门电路。

1.6.2　选择题

1. 逻辑功能为"全 1 出 0,有 0 出 1"的逻辑门是(　　　)。

A. 与非门　　　　　　B. 或非门　　　　　　C. 非门　　　　　　D. 与门

2. 图 1 – 26 是(　　　)的逻辑符号。

A. 非门　　　　　　　B. 异或门　　　　　　C. 与门　　　　　　D. 与非门

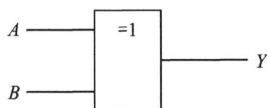

图 1 – 26

3. 具有表 1 – 25 所示真值表的门电路是(　　)。

A. 与非门　　　　　　B. 或非门　　　　　　C. 或门　　　　　　D. 与门

表 1 – 25

A	B	Y
0	0	1
0	1	0
1	0	0
1	1	0

4. 图 1 – 27 所示电路为(　　)门电路。

A. 与　　　　　　　　B. 或　　　　　　　　C. 非　　　　　　D. 与非

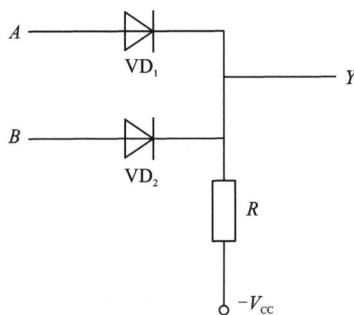

图 1 – 27

5. TTL 集成电路外引脚编号的判断方法是(　　　)。

A. 把标志(半圆形凹口)置于左端，逆时针转自下而上顺序读出序号

B. 把标志置于右端，逆时针转自下而上顺序读出序号

C. 把标志置于左端，顺时针转自下而上顺序读出序号

D. 把标志置于右端，顺时针转自下而上顺序读出序号

1.6.3　综合题

1. 输入信号 A、B、C、D 的波形如图 1 – 28(b) 所示, 试画出图 1 – 28(a) 中各门电路输出端的波形。

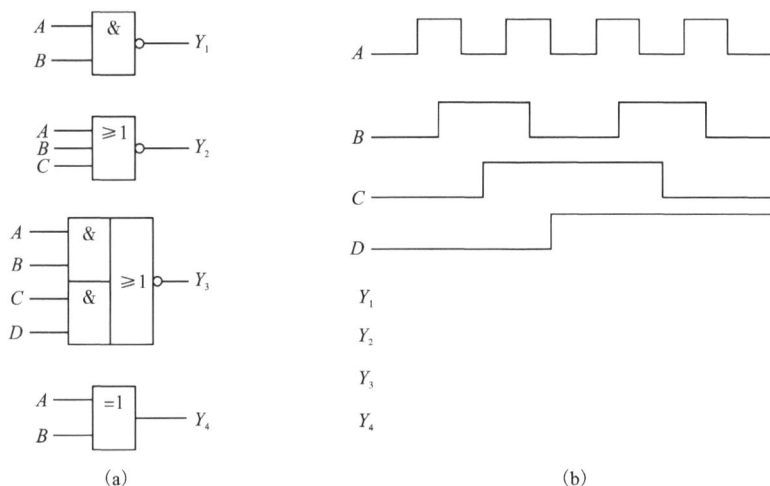

图 1 – 28

2. 写出如图 1 – 29 所示电路的逻辑函数表达式。

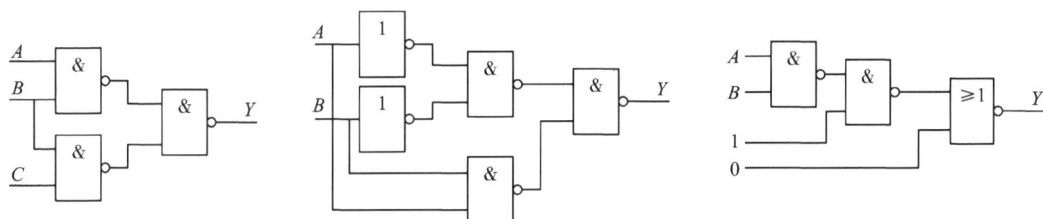

图 1 – 29

3. 完成表 1 – 26 中的栏目。

表 1 – 26

十进制	二进制	十六进制	8421BCD 码
	1101		
			01010011
		C8	
15			

4. 将下列十进制数转换成二进制数。

(1)22　(2)35　(3)100　(4)194　(5)2017

5. 将下列二进制数转换成十进制数。

(1)1010　(2)11001　(3)110110　(4)110110110

6. 完成下列各二进制数的运算。

(1)101 + 110　(2)11101 + 101　(3)1110 − 11　(4)1101 − 101

7. 用公式法将下列逻辑函数表达式化简成为最简与或表达式。

(1)$Y = AB(BC + A)$

(2)$Y = (A + B)(A\,\overline{B})$

(3)$Y = A + \overline{\overline{\overline{B}}} + \overline{\overline{CD}} + \overline{\overline{AD}} + \overline{\overline{B}}$

(4)$Y = \overline{ABC} + A + B + C$

(5)$Y = \overline{ABC} + A\,\overline{BC}$

(6)$Y = A\,\overline{B} + BD + CDE + D\,\overline{A}$

(7)$Y = ABC + \overline{A}B + \overline{ABC}$

8. 写出图 1 − 30 所示逻辑电路的逻辑函数表达式并化简，再画出化简后的逻辑电路图。

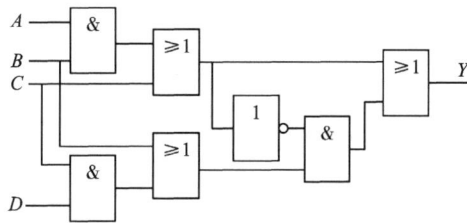

图 1 − 30

9. 写出图 1 − 31 所示电路的逻辑函数表达式，再转换为与非表达式，并画出用与非门实现该电路的逻辑图。

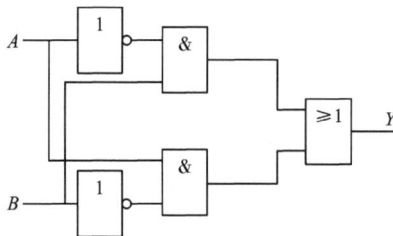

图 1 − 31

项目 2　数显逻辑笔的制作

2.1　项目描述

本项目介绍的数显逻辑笔,是采用七段数码显示器来显示数字电平高低的仪器。它是数字电路测量中较简便的一种工具,可快速测量出数字电路中有故障的芯片。

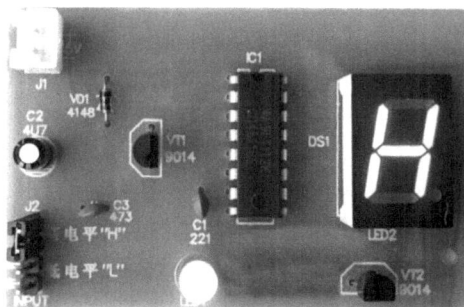

图 2 - 1　数显逻辑笔

通过本项目的学习与实践,可以让读者获得如下知识和技能:
(1)会分析简单逻辑电路的逻辑功能;
(2)会设计和安装简单的逻辑电路,实现逻辑功能;
(3)了解二进制编码器、二 - 十进制编码器的基本功能,会使用典型集成编码器;
(4)了解二进制译码器、二 - 十进制译码器的基本功能,会使用典型集成译码器;
(5)了解半导体数码管的基本结构,会使用典型译码显示器;
(6)学会制作和调试组合逻辑电路。

2.2　知识准备

要完成以上要求的数显逻辑笔的制作,需要具备以下一些相关的知识和技能,下面分别进行阐述。

2.2.1　组合逻辑电路分析与设计

数字电路根据逻辑功能的不同,可以分为组合逻辑电路和时序逻辑电路两大类。组合逻辑电路的特点是任何时刻的输出状态,直接由当时的输入状态所决定。也就是说,组合逻辑电路不具备记忆功能,输出状态与输入信号作用前的电路状态无关。

2.2.1.1 组合逻辑电路的分析

组合逻辑电路的分析,是指基于逻辑电路图,分析、明确该电路的基本功能的过程。理论上讲,逻辑电路图本身就是逻辑功能的一种表达方式,但在许多情况下,用逻辑电路图表达的逻辑功能不够直观、形象,往往需要将其转化成逻辑表达式或真值表(或逻辑功能表)的形式,以使逻辑功能更加直观、明确。组合逻辑电路的分析有以下几个步骤。

(1)根据逻辑电路图,由输入到输出逐级写出输出逻辑表达式。

(2)化简逻辑表达式,得到最简逻辑表达式。

(3)根据最简逻辑表达式列出真值表。

(4)根据所列真值表,分析、确定逻辑电路的基本逻辑功能。

例 2.1 分析图 2 - 2(a)所示电路的逻辑功能。

解:①由逻辑图写出逻辑表达式:从输入端到输出端,依次写出各个门电路的逻辑式,最后写出输出变量 Y 的逻辑表达式,并化简。

G1 门　　$Y_1 = \overline{AB}$

G2 门　　$Y_2 = \overline{AY_1} = \overline{A \cdot \overline{AB}}$

G3 门　　$Y_3 = \overline{BY_1} = \overline{B \cdot \overline{AB}}$

G4 门　　$Y_4 = \overline{Y_2 Y_3} = \overline{\overline{A \cdot \overline{AB}} \cdot \overline{B \cdot \overline{AB}}} = \overline{\overline{A \cdot \overline{AB}}} + \overline{\overline{B \cdot \overline{AB}}} = A \cdot \overline{AB} + B \cdot \overline{AB}$

$\qquad = A(\overline{A} + \overline{B}) + B(\overline{A} + \overline{B}) = A\overline{A} + A\overline{B} + B\overline{A} + B\overline{B} = A\overline{B} + \overline{A}B$

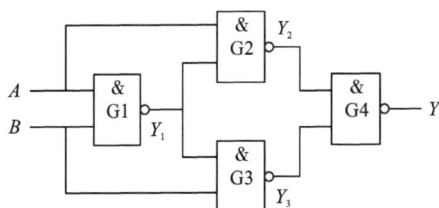

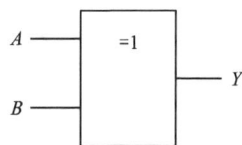

(a)逻辑图　　　　　　　　　　　　　　(b)异或逻辑符号

图 2 - 2　例 2.1 的图

②由逻辑表达式列出真值表,如表 2 - 1 所示。

表 2 - 1　例 2.1 的异或门真值表

A	B	Y
0	0	0
0	1	1
1	0	1
1	1	0

③分析逻辑功能：当输入端 A 和 B 不是同为 1 或 0 时，输出为 1；否则，输出为 0。这种电路称为异或门电路，其逻辑符号如图 2 - 2(b)所示。逻辑式也可写成：

$$Y = A \bar{B} + \bar{A} B = A \oplus B$$

2.2.1.2　组合逻辑电路的设计

与组合逻辑电路的分析相反，组合逻辑电路的设计是根据给定的逻辑功能要求，设计出实现该功能的逻辑电路。组合逻辑电路的设计步骤如下：

(1)逻辑状态赋值：用逻辑电路实现某一事件的逻辑功能时，需要分析该事件的因果关系，将"因"作为逻辑电路的输入，"果"作为逻辑电路的输出，并用 0、1 分别代表输入和输出的两种不同的状态称为逻辑状态赋值。

(2)根据事件的因果关系，列出输入和输出对应的真值表。

(3)按真值表写出逻辑表达式。

(4)将逻辑表达式化简或变换。

(5)画出逻辑电路图。

例 2.2　某写字楼控制室有 3 个报警灯：L_0(火警)、L_1(盗警)和 L_2(一般业务)，有多个警报同时出现时，按事态轻重缓急的要求，在同一时间只能有一个信号通过。首先接通的是火警信号，其次为盗警信号，最后是日常一般业务信号。试按照上述要求设计一个信号控制电路。要求用集成门电路 74LS00(每片含四个 2 输入端与非门)实现。

解：

①逻辑状态赋值

按电路设计要求，该电路有 3 个输出(L_0、L_1 和 L_2)，对应应该有 3 个输入，分别用 I_0、I_1、I_2 表示。对于输入，设有信号为逻辑 1，无信号为逻辑 0。对于输出，设灯亮为逻辑 1，灯不亮为逻辑 0。

②列真值表

根据所设计电路的功能要求给定的逻辑，列出该电路的真值表，见表 2 - 2。

表 2 - 2　例 2.2 的真值表

输入			输出		
I_0	I_1	I_2	L_0	L_1	L_2
0	0	0	0	0	0
1	×	×	1	0	0
0	1	×	0	1	0
0	0	1	0	0	1

③由真值表写出各输出的逻辑表达式

$$L_0 = I_0 , \ L_1 = \bar{I_0} I_1 , \ L_2 = \bar{I_0} \ \bar{I_1} I_2$$

④上述三个表达式已为最简，需要用非门和与门实现，不符合设计要求，需将上式转换为与非表达式

$$L_0 = I_0, \ L_1 = \overline{\overline{I_0} I_1}, \ L_2 = \overline{\overline{\overline{I_0} \ \overline{I_1}} I_2} = \overline{\overline{I_0} \ \overline{I_1} I_2}$$

⑤画出逻辑图,如图 2 – 3 所示,可用 2 片集成与非门 74LS00 来实现。

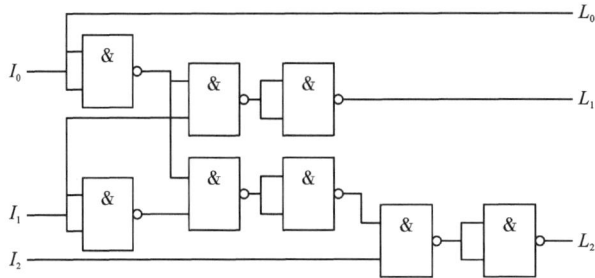

图 2 – 3　逻辑图

2.2.2　编码器

广义上说,将某一信息用一串特定的符号按照一定规律予以表示的方法都称为编码,如教室室号、电话号码、身份证号码、ASCII 码、BCD 码等。在数字电路中,电路能识别的是 0 和 1 两个二进制数码,将若干个 0 和 1 按一定规律编排在一起,组成不同的代码,并将这些代码赋予特定的含义,这就是数字电路中的编码,用于编码之后的二进制数称为二进制代码。能够完成编码功能的组合逻辑电路称为编码器,如图 2 – 4 所示。常见的有二进制编码器、二 – 十进制编码器等。

图 2 – 4　编码器

2.2.2.1　二进制编码器

用 n 位二进制代码对 2^n 个信号进行编码的电路,称为二进制编码器。

图 2 – 5 所示为 3 位二进制编码器示意图,因其有 8 个输入,3 个输出,故也称 8 线 – 3 线编码器。图中 I_0、I_1、I_2、I_3、I_4、I_5、I_6、I_7 表示 8 路输入,分别表示 8 个编码对象;编码器的输出是 3 位二进制码,从高位到低位分别用 Y_2、Y_1、Y_0 表示。

二进制编码器按其输入和输出的数量,还有 4 线 – 2 线编码器、16 线 – 4 线编码器等。

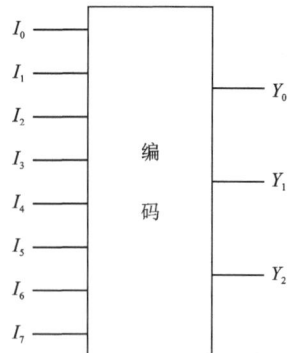

图 2 – 5　3 位二进制编码器示意图

编码器在任意时刻只能对一个输入信号编码,即 8 个输入中只能有一个有效输入,由此可得出 3 位二进制编码器的真值表,见表 2 - 3。

表 2 - 3 3 位二进制编码器的真值表

十进制数	输入								输出		
	I_7	I_6	I_5	I_4	I_3	I_2	I_1	I_0	Y_2	Y_1	Y_0
0	0	0	0	0	0	0	0	1	0	0	0
1	0	0	0	0	0	0	1	0	0	0	1
2	0	0	0	0	0	1	0	0	0	1	0
3	0	0	0	0	1	0	0	0	0	1	1
4	0	0	0	1	0	0	0	0	1	0	0
5	0	0	1	0	0	0	0	0	1	0	1
6	0	1	0	0	0	0	0	0	1	1	0
7	1	0	0	0	0	0	0	0	1	1	1

根据真值表可以写出逻辑函数表达式

$$Y_2 = I_4 + I_5 + I_6 + I_7$$
$$Y_1 = I_2 + I_3 + I_6 + I_7$$
$$Y_0 = I_1 + I_3 + I_5 + I_7$$

上述逻辑函数表达式已为最简或表达式,可据此画出或门组成的 3 位二进制编码器的逻辑电路,如图 2 - 6 所示。

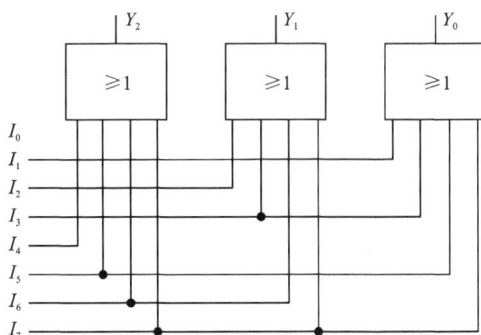

图 2 - 6 3 位二进制编码器的逻辑电路

若要对 I_1 编码,则 $I_1 = 1$,I_0、I_2、I_3、I_4、I_5、I_6、I_7 为 0,Y_2、Y_1、Y_0 输出编码 001,其余按此类推。

2.2.2.2 二 – 十进制编码器

将十进制数 0 ~ 9 这 10 个数编成二进制代码的电路,称为二 – 十进制编码器。要对 10 个信号进行编码,至少需要 4 位二进制代码($2^n = 16$),所以二 – 十进制编码器的输出信号为

4 位，图 2 – 7 所示为其示意图。图中 I_0、I_1、I_2、I_3、I_4、I_5、I_6、I_7、I_8、I_9 表示编码器的 10 个输入端，分别代表十进制数 0 ~ 9 这 10 个数字；编码器的输出 Y_3、Y_2、Y_1、Y_0 表示 4 位二进制代码。

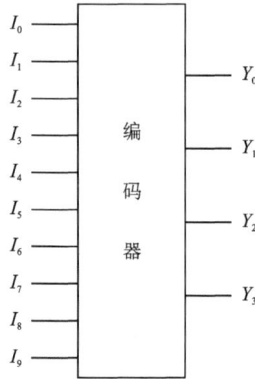

图 2 – 7　二 – 十进制编码器示意图

因为 4 位二进制代码有 16 种状态组合，故可任意选出 10 种表示 0 ~ 9 这 10 个数字；不同的选取方式即表示不同的编码方法，如 8421BCD 码、5421BCD 码、余 3BCD 码等，在此主要介绍最常用的 8421BCD 编码器。

8421BCD 编码器的真值表见表 2 – 4。

表 2 – 4　8421BCD 编码器的真值表

十进制数	输入										输出			
	I_9	I_8	I_7	I_6	I_5	I_4	I_3	I_2	I_1	I_0	Y_3	Y_2	Y_1	Y_0
0	0	0	0	0	0	0	0	0	0	1	0	0	0	0
1	0	0	0	0	0	0	0	0	1	0	0	0	0	1
2	0	0	0	0	0	0	0	1	0	0	0	0	1	0
3	0	0	0	0	0	0	1	0	0	0	0	0	1	1
4	0	0	0	0	0	1	0	0	0	0	0	1	0	0
5	0	0	0	0	1	0	0	0	0	0	0	1	0	1
6	0	0	0	1	0	0	0	0	0	0	0	1	1	0
7	0	0	1	0	0	0	0	0	0	0	0	1	1	1
8	0	1	0	0	0	0	0	0	0	0	1	0	0	0
9	1	0	0	0	0	0	0	0	0	0	1	0	0	1

根据真值表，按照逻辑电路的设计方法，可画出 8421BCD 编码器的逻辑电路，如图 2 – 8 所示。

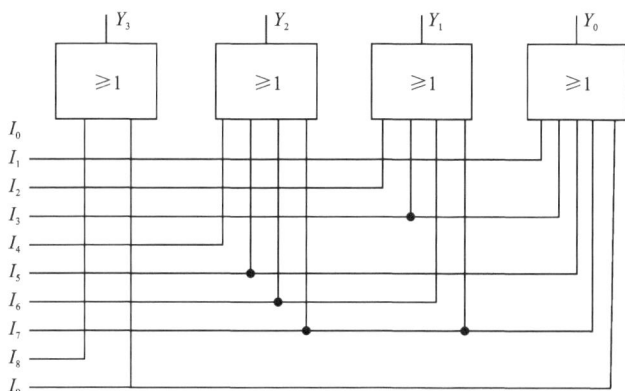

图 2 – 8　8421BCD 编码器的逻辑电路

2.2.2.3　二 – 十进制优先编码器

将编码器各输入赋予不同的优先级别，电路运行时，允许同时输入两个或两个以上的信号，但电路只对优先级别高的输入信号编码，对其他输入信号不予考虑，这样的编码电路称为优先编码器。目前市场上供应的集成编码器多为优先编码器。

74LS147 芯片是一种常用的 8421BCD 码集成优先编码器，代用型号有 40147 等。图 2 – 9 所示为该编码器集成电路的实物和引脚排列。它有 $\bar{I}_9$、$\bar{I}_8$、$\bar{I}_7$、$\cdots$、$\bar{I}_0$ 共 10 个输入端(其中 $\bar{I}_0$ 对应引脚为 15 脚，NC 表示空脚，可空置不接)，有 4 位 8421BCD 码输出，从高位到低位分别为 $\bar{Y}_3$、$\bar{Y}_2$、$\bar{Y}_1$、$\bar{Y}_0$。输入和输出均为低电平有效，即 0 表示信号有效，1 表示信号无效。表 2 – 5 为 74LS147 真值表，其中 × 号表示可取任意值，即该输入的取值不影响输出状态，由此可以判定各输入的优先级别，$\bar{I}_9$ 为最高，$\bar{I}_0$ 为最低。

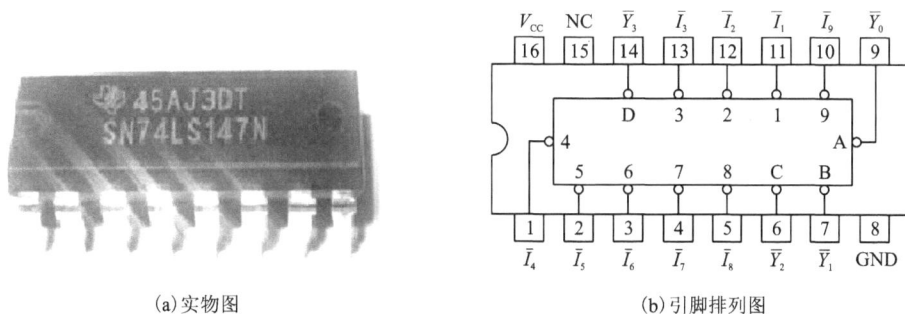

(a)实物图　　　　　　　　　　　(b)引脚排列图

图 2 – 9　8421BCD 码集成优先编码器 74LS147

表 2 – 5 　 74LS147 真值表

十进制数	输入									输出			
	$\overline{I_9}$	$\overline{I_8}$	$\overline{I_7}$	$\overline{I_6}$	$\overline{I_5}$	$\overline{I_4}$	$\overline{I_3}$	$\overline{I_2}$	$\overline{I_1}$	$\overline{Y_3}$	$\overline{Y_2}$	$\overline{Y_1}$	$\overline{Y_0}$
0	1	1	1	1	1	1	1	1	1	1	1	1	1
1	1	1	1	1	1	1	1	1	0	1	1	1	0
2	1	1	1	1	1	1	1	0	×	1	1	0	1
3	1	1	1	1	1	1	0	×	×	1	1	0	0
4	1	1	1	1	1	0	×	×	×	1	0	1	1
5	1	1	1	1	0	×	×	×	×	1	0	1	0
6	1	1	1	0	×	×	×	×	×	1	0	0	1
7	1	1	0	×	×	×	×	×	×	1	0	0	0
8	1	0	×	×	×	×	×	×	×	0	1	1	1
9	0	×	×	×	×	×	×	×	×	0	1	1	0

2.2.3 　做中学(一)

实验　测试 74LS147 芯片的逻辑功能

(1)按图 2 – 10 所示电路完成电路接线。电路中，$S_1 \sim S_9$ 为单刀双掷开关，74LS147 芯片的各输入端分别通过 1 kΩ 电阻接开关公共端，开关的两触点一个接 +5 V 电源，一个接地，以实现 0、1 输入；输出端各接一只发光二极管 LED，用于指示输出信号电平的高低。LED 负极通过 100 Ω电阻接地，起限流作用。

(2)操作开关 $S_1 \sim S_9$，按表 2 –6和表 2 –7给定的$\overline{I_1} \sim \overline{I_9}$ 置值，同时填写相应$\overline{Y_3} \sim \overline{Y_0}$ 的值(灯亮为 1，不亮为 0)。用万用表测量输出端$\overline{Y_0}$ 的电压，并记录输出代码是对应哪个十进制数的编码。

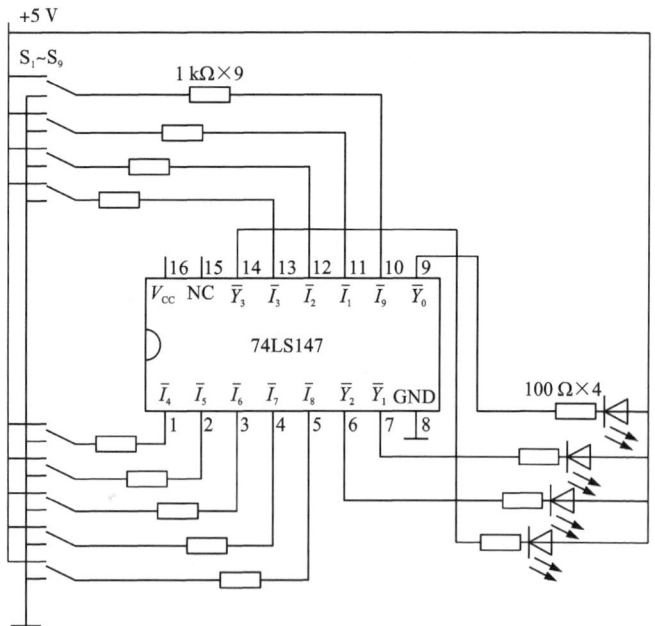

图 2 –10 　74LS147 逻辑功能测试图

表 2 - 6　74LS147 逻辑功能测试表（1）

$\overline{Y}_0$ 端电压	十进制数	输入									输出			
		$\overline{I}_9$	$\overline{I}_8$	$\overline{I}_7$	$\overline{I}_6$	$\overline{I}_5$	$\overline{I}_4$	$\overline{I}_3$	$\overline{I}_2$	$\overline{I}_1$	$\overline{Y}_3$	$\overline{Y}_2$	$\overline{Y}_1$	$\overline{Y}_0$
		1	1	1	1	1	1	1	1	1				
		1	1	1	1	1	1	1	1	0				
		1	1	1	1	1	1	1	0	1				
		1	1	1	1	1	1	0	1	1				
		1	1	1	1	1	0	1	1	1				
		1	1	1	1	0	1	1	1	1				
		1	1	1	0	1	1	1	1	1				
		1	1	0	1	1	1	1	1	1				
		1	0	1	1	1	1	1	1	1				
		0	1	1	1	1	1	1	1	1				

表 2 - 7　74LS147 逻辑功能测试表（2）

$\overline{Y}_0$ 端电压	十进制数	输入									输出			
		$\overline{I}_9$	$\overline{I}_8$	$\overline{I}_7$	$\overline{I}_6$	$\overline{I}_5$	$\overline{I}_4$	$\overline{I}_3$	$\overline{I}_2$	$\overline{I}_1$	$\overline{Y}_3$	$\overline{Y}_2$	$\overline{Y}_1$	$\overline{Y}_0$
		1	1	1	1	1	1	1	1	1				
		1	1	1	1	1	1	1	1	0				
		1	1	1	1	1	1	1	0	0				
		1	1	1	1	1	1	0	0	0				
		1	1	1	1	1	0	0	0	0				
		1	1	1	1	0	0	0	0	0				
		1	1	1	0	0	0	0	0	0				
		1	1	0	0	0	0	0	0	0				
		1	0	0	0	0	0	0	0	0				
		0	0	0	0	0	0	0	0	0				

（3）分析讨论：

①74LS147 芯片各输入信号优先级别顺序是怎么样的？你是如何判定的？

②各组输入的顺序对输出结果是否有影响？为什么？

2.2.4　译码器

译码是编码的逆过程。译码器的作用就是将某种代码的原意"翻译"出来，如将编码器产生的二进制代码复原为一个特定的输出信号，以表示它的原意，如图 2 - 11 所示。译码器有多个输入端和输出端。目前译码器主要由集成门电路构成,按其功能可分为通用译码器和显示译码器。

图 2－11　译码器

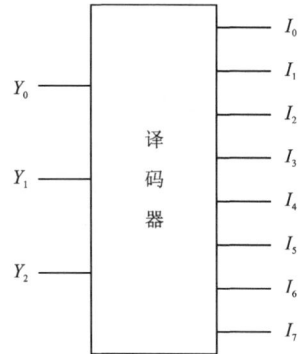

图 2－12　3 线－8 线译码器示意图

2.2.4.1　通用译码器

通用译码器常用的有二进制译码器、二－十进制译码器。

1. 二进制译码器

二进制译码器的功能是将二进制代码按其原意翻译成相应的输出信号。按二进制译码器输入和输出的线数,二进制译码器可分 2 线－4 线译码器、3 线－8 线译码器和 4 线－16 线译码器等。图 2－12 所示是 3 线－8 线译码器示意图,它有 A_2、A_1、A_0 3 条输入,输入的是 3 位二进制代码(有 8 种输入信息:000、001、010、011、100、101、110、111),有 8 条输出线 $I_0 \sim I_7$。当 A_2、A_1、A_0 输入为 010 时,只有 Y_2 有输出,这样就实现了把输入的二进制代码译成特定的输出信号。

下面以 74LS138 为例介绍 3 线－8 线集成译码器。

74LS138 芯片是一种典型的二进制译码器,其实物和引脚排列如图 2－13 所示,其真值表见表 2－8。它有 3 个输入端 A_2、A_1、A_0 和 8 个输出端 $\overline{Y}_7 \sim \overline{Y}_0$,输出为低电平有效。

(a)实物图

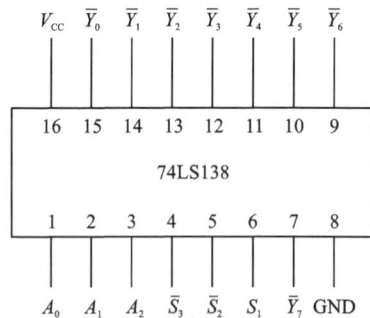

(b)引脚排列图

图 2－13　3 线－8 线译码器 74LS138

表 2 – 8　74LS138 译码器真值表

输入						输出							
S_1	$\overline{S}_2$	$\overline{S}_3$	A_2	A_1	A_0	$\overline{Y}_0$	$\overline{Y}_1$	$\overline{Y}_2$	$\overline{Y}_3$	$\overline{Y}_4$	$\overline{Y}_5$	$\overline{Y}_6$	$\overline{Y}_7$
×	1	×	×	×	×	1	1	1	1	1	1	1	1
×	×	1	×	×	×	1	1	1	1	1	1	1	1
0	×	×	×	×	×	1	1	1	1	1	1	1	1
1	0	0	0	0	0	0	1	1	1	1	1	1	1
1	0	0	0	0	1	1	0	1	1	1	1	1	1
1	0	0	0	1	0	1	1	0	1	1	1	1	1
1	0	0	0	1	1	1	1	1	0	1	1	1	1
1	0	0	1	0	0	1	1	1	1	0	1	1	1
1	0	0	1	0	1	1	1	1	1	1	0	1	1
1	0	0	1	1	0	1	1	1	1	1	1	0	1
1	0	0	1	1	1	1	1	1	1	1	1	1	0

S_1、$\overline{S}_2$、$\overline{S}_3$ 为三个使能控制端。由功能表可以看出,只有当 $S_1 = 1$、$\overline{S}_2 = 0$、$\overline{S}_3 = 0$ 时,该译码器才有有效状态输出信号,即译码器处于译码工作状态,各输出状态由输入 A_2、A_1、A_0 决定;若三个使能控制端中有一个不满足上述条件,则译码器被封锁不工作,输出全为高电平。

2. 二 – 十进制译码器

二 – 十进制译码器也称 BCD 译码器,它的功能是将输入的 BCD 码(4 位二进制代码)译成对应的 10 个十进制输出信号,因此也称 4 线 – 10 线译码器。常用的二 – 十进制集成译码器型号有 74LS42、T1042、T4042 等。

图 2 – 14 所示为二 – 十进制译码器 74LS42 芯片实物和引脚排列图。图中 A_3、A_2、A_1、A_0 为 BCD 代码的 4 个输入端,$\overline{Y}_9 \sim \overline{Y}_0$ 为 10 个输出端,分别对应十进制数的 0 ~ 9 十个数码,输出为低电平有效。

(a)实物图

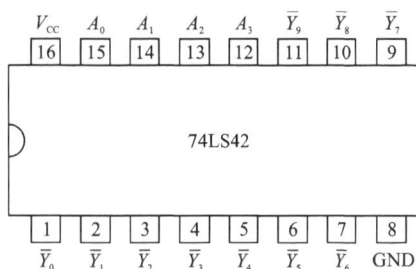

(b)引脚排列图

图 2 – 14　二 – 十进制译码器 74LS42

二 - 十进制译码器 74LS42 真值表如表 2 - 9 所示。由于 4 位二进制输入有 16 种组合状态, 故 74LS42 芯片可以自动将其中的 6 种状态转为伪码, 即输入为 1010 ~ 1111 时, 输出均为 1, 译码器拒绝译码。

表 2 - 9　二 - 十进制集成译码器 74LS42 真值表

输入				输出										备注
A_3	A_2	A_1	A_0	$\overline{Y_0}$	$\overline{Y_1}$	$\overline{Y_2}$	$\overline{Y_3}$	$\overline{Y_4}$	$\overline{Y_5}$	$\overline{Y_6}$	$\overline{Y_7}$	$\overline{Y_8}$	$\overline{Y_9}$	
0	0	0	0	0	1	1	1	1	1	1	1	1	1	
0	0	0	1	1	0	1	1	1	1	1	1	1	1	
0	0	1	0	1	1	0	1	1	1	1	1	1	1	
0	0	1	1	1	1	1	0	1	1	1	1	1	1	
0	1	0	0	1	1	1	1	0	1	1	1	1	1	正常
0	1	0	1	1	1	1	1	1	0	1	1	1	1	译码
0	1	1	0	1	1	1	1	1	1	0	1	1	1	
0	1	1	1	1	1	1	1	1	1	1	0	1	1	
1	0	0	0	1	1	1	1	1	1	1	1	0	1	
1	0	0	1	1	1	1	1	1	1	1	1	1	0	
1	0	1	0	1	1	1	1	1	1	1	1	1	1	
1	0	1	1	1	1	1	1	1	1	1	1	1	1	
1	1	0	0	1	1	1	1	1	1	1	1	1	1	伪码
1	1	0	1	1	1	1	1	1	1	1	1	1	1	
1	1	1	0	1	1	1	1	1	1	1	1	1	1	
1	1	1	1	1	1	1	1	1	1	1	1	1	1	

2.2.4.2　显示译码器

与二进制译码器不同, 显示译码器用来驱动显示器件, 以显示数字或字符的中规模集成电路。图 2 - 15 所示为译码显示电路组成示意图。显示译码器随显示器件的类型而异, 常用的半导体数码管、液晶数码管、荧光数码管等是由 7 个或 8 个字段构成字形的, 因而与之相配的有 BCD 七段或 BCD 八段显示译码器。现以驱动半导体数码管的 BCD 七段译码器为例, 简单介绍显示译码器。

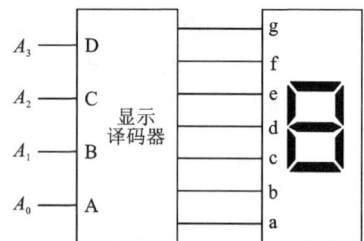

图 2 - 15　译码显示电路组成示意图

1. 半导体数码管

半导体数码管是将 7 个发光二极管(LED)排列成"日"字形状制成的, 如图 2 – 16(a)所示, 7 个发光二极管分别用 a、b、c、d、e、f、g 这 7 个小写英文字母表示。发光二极管外加正向电压时导通, 发出清晰的光, 有红、黄、绿等色, 只要按规律控制各发光段的亮、灭, 就可以显示各种字形或符号, 如图 2 – 16(b)所示。例如, 当 a、c、d、f、g 发光二极管发光时, 就显示数字图形"5", 如图 2 – 16(c)所示。

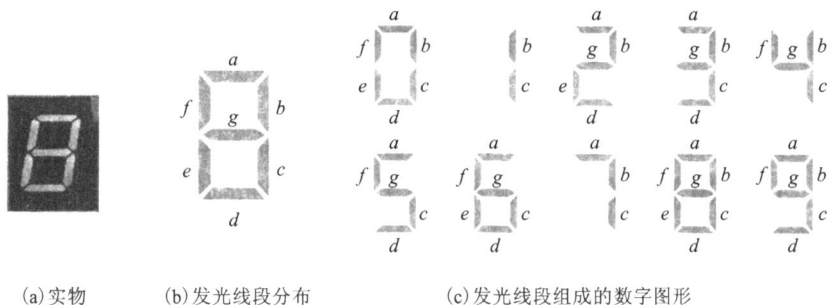

(a)实物　　(b)发光线段分布　　(c)发光线段组成的数字图形

图 2 – 16　半导体数码管

半导体数码管的 7 个发光二极管的内部接法可分为共阴极和共阳极两种, 分别如图 2 – 17(a)(b)所示。共阴极接法中各发光二极管的负极相连, $a \sim g$ 中, 接高电平的线段发光, 控制各引脚的电平高低, 可显示 0 ~ 9 不同的数字图形。共阴极半导体数码管的型号主要有 BS201、BS207 等。共阳极接法中, 各发光二极管的正极相连, $a \sim g$ 中, 接低电平的线段发光, 控制各引脚的电平高低, 可显示 0 ~ 9 不同的数字图形。共阳极数码管的型号主要有 BS204、BS206、BS211 等。

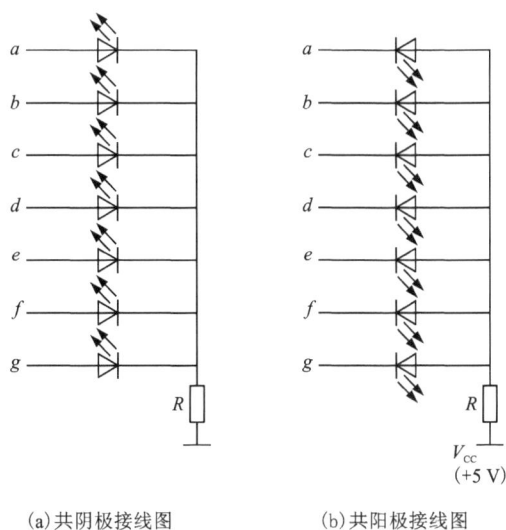

(a)共阴极接线图　　　　　　　(b)共阳极接线图

图 2 – 17　半导体数码管内部电路图

半导体显示器的优点是工作电压较低(1.5～3 V)、体积小、寿命长、亮度高、响应速度快、工作可靠性高,可以由门电路直接驱动。其缺点是工作电流大,每个字段的工作电流约为 10 mA。

2. 集成译码驱动器 CD4511(74HC4511)

中规模集成译码驱动器件比较多,常用的有 74LS46,74LS47,74LS48,74LS49,CD4511,CC4513,CC4543,CC4547,CC4055,CC40110,T337,T338 等,下面以 CD4511 为例进行介绍。

CD4511(74HC4511)是输出高电平有效的 CMOS 译码驱动器,其输入为 8421BCD 码,图 2－18 为 CD4511 实物和引脚图。其特点是具有 BCD 转换、消隐和锁存控制、七段译码及驱动功能,能提供较大的拉电流,用于驱动共阴极 LED 数码管。

CD4511 引脚功能说明:

D、C、B、A 为 BCD 码输入端。

a、b、c、d、e、f、g 为译码输出端,输出"1"有效,用来驱动共阴极 LED 数码管。

$\overline{BI}$ 是消隐输入控制端,当 $\overline{BI}=0$ 时,不管 $DCBA$ 状态如何,七段数码管均处于熄灭(消隐)状态,不显示数字。

$\overline{LT}$ 是测试输入端,当 $\overline{LT}=0$ 时,不管 $DCBA$ 状态如何,译码器输出全为 1,七段数码管均亮,显示"8",它主要用来检测数码管的好坏。

LE 是锁定控制端,$LE=1$ 时译码器是锁定(保持)状态,译码器输出被保持在 $LE=0$ 时的数值,当 $LE=0$ 时,正常译码输出。

(a)实物

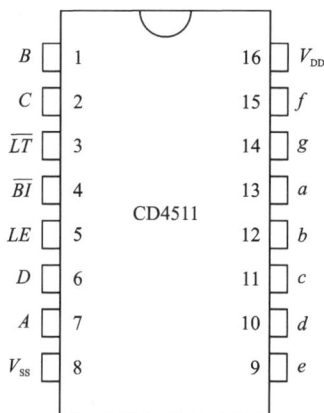

(b)引脚排列

图 2－18　集成译码驱动器 CD4511

CD4511 逻辑功能见表 2－10,由表中可知,该译码器还有拒伪码的功能,当输入代码超过 1001 时,输出全为 0,数码管熄灭。

表 2 – 10　七段译码驱动器 CD4511 功能表

输入							输出							
LE	$\overline{BI}$	$\overline{LT}$	D	C	B	A	a	b	c	d	e	f	g	显示
×	×	0	×	×	×	×	1	1	1	1	1	1	1	8
×	0	1	×	×	×	×	0	0	0	0	0	0	0	消隐
0	1	1	0	0	0	0	1	1	1	1	1	1	0	0
0	1	1	0	0	0	1	0	1	1	0	0	0	0	1
0	1	1	0	0	1	0	1	1	0	1	1	0	1	2
0	1	1	0	0	1	1	1	1	1	1	0	0	1	3
0	1	1	0	1	0	0	0	1	1	0	0	1	1	4
0	1	1	0	1	0	1	1	0	1	1	0	1	1	5
0	1	1	0	1	1	0	0	0	1	1	1	1	1	6
0	1	1	0	1	1	1	1	1	1	0	0	0	0	7
0	1	1	1	0	0	0	1	1	1	1	1	1	1	8
0	1	1	1	0	0	1	1	1	1	0	0	1	1	9
0	1	1	1	0	1	0	0	0	0	0	0	0	0	消隐
0	1	1	1	0	1	1	0	0	0	0	0	0	0	消隐
0	1	1	1	1	0	0	0	0	0	0	0	0	0	消隐
0	1	1	1	1	0	1	0	0	0	0	0	0	0	消隐
0	1	1	1	1	1	0	0	0	0	0	0	0	0	消隐
0	1	1	1	1	1	1	0	0	0	0	0	0	0	消隐
1	1	1	×	×	×	×	锁存							

2.2.5　做中学(二)

实验　测试 74LS42 芯片的逻辑功能

（1）按图 2 – 19 所示电路完成电路接线。电路中，74LS42 芯片的各输入端分别通过 1 kΩ 电阻接开关公共端，开关两触点一个接 +5 V 电源，一个接地，以实现 0、1 输入；每一输出端接一个 LED 的正极，LED 负极通过 100 Ω 电阻接地；V_{CC} 端接 +5 V 电源正极，GND 接 +5 V 电源负极。

（2）操作开关 $S_0 \sim S_3$，按表 2 – 11 74LS 芯片逻辑功能测试(1)所给 $A_3 \sim A_0$ 的数据置值，同时填写相应 $\overline{Y_0} \sim \overline{Y_9}$ 的值(灯亮为 1，不亮为 0)。

（3）操作开关 $S_0 \sim S_3$，按表 2 – 11 74LS 芯片逻辑功能测试(2)所给 $A_3 \sim A_0$ 的数据置值，观察 LED 的现象并记录。请简单分析所看到的现象。

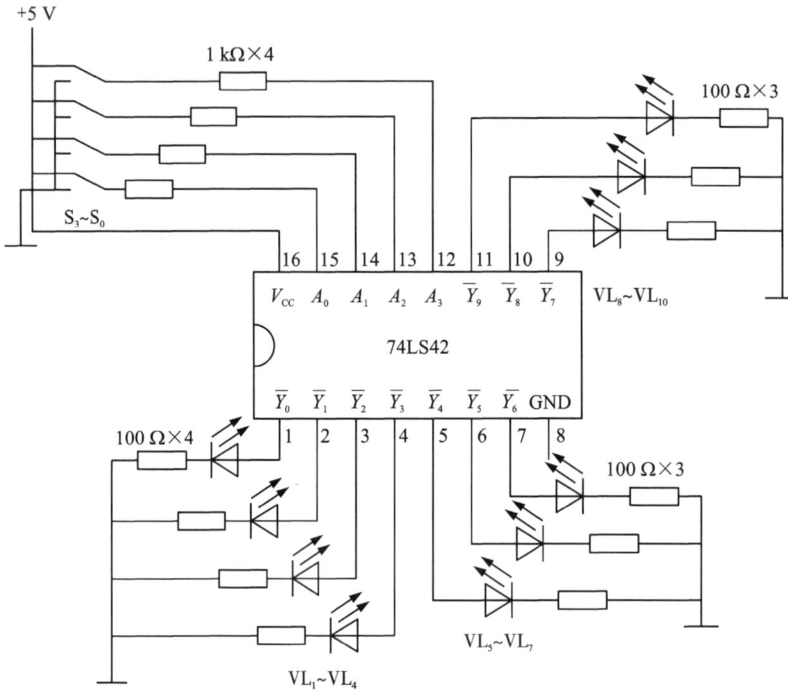

图 2－19 测试 74LS42 芯片的逻辑功能

表 2－11 74LS42 芯片逻辑功能测试（1）

输入				输出									
A_3	A_2	A_1	A_0	$\overline{Y}_0$	$\overline{Y}_1$	$\overline{Y}_2$	$\overline{Y}_3$	$\overline{Y}_4$	$\overline{Y}_5$	$\overline{Y}_6$	$\overline{Y}_7$	$\overline{Y}_8$	$\overline{Y}_9$
0	0	0	0										
0	0	0	1										
0	0	1	0										
0	0	1	1										
0	1	0	0										
0	1	0	1										
0	1	1	0										
0	1	1	1										
1	0	0	0										
1	0	0	1										

表 2 – 11 　74LS42 芯片逻辑功能测试（2）

输入				输出									
A_3	A_2	A_1	A_0	$\overline{Y_0}$	$\overline{Y_1}$	$\overline{Y_2}$	$\overline{Y_3}$	$\overline{Y_4}$	$\overline{Y_5}$	$\overline{Y_6}$	$\overline{Y_7}$	$\overline{Y_8}$	$\overline{Y_9}$
1	0	1	0										
1	0	1	1										
1	1	0	0										
1	1	0	1										
1	1	1	0										
1	1	1	1										

2.3　任务实现

2.3.1　认识电路组成

该数显逻辑笔电路主要由电平转换电路、译码驱动电路、显示电路三部分组成。其组成方框图如图 2 – 20 所示。

图 2 – 20 　数显逻辑笔组成方框图

电路原理图如图 2 – 21 所示，VT_1、VD_1、R_1、R_2、R_3、R_4 和 R_6 等组成电平转换电路，IC_1（CD4511）为译码驱动电路，VT_2、R_5、R_7、LED_1 和 LED_2 组成显示电路，其中 VT_2、R_5、R_7、LED_1 主要是电源指示，LED_2 为电平显示。

2.3.2　认识工作过程

电源指示：有 5 V 电源供电时，+5 V 电压一方面使 LED_1 发亮，另一方面使 VT_2 饱和导通，LED_2 的 3、8 脚相当于接地，为数码管正常显示作准备。

INPUT 输入端没有输入电压时，VT_1 饱和导通，IC_1（CD4511）的 2、4 脚为低电平，由于 IC_1 第 4 脚是消隐输入控制端，当 $\overline{BI} = 0$ 时，不管其他输入端状态如何，其输出端 A ~ G 全部为 0，七段数码管均处于熄灭（消隐）状态，不显示数字。

INPUT 输入端输入低电平时（0 ~ 0.47 V），VT_1 截止，其集电极输出高电平，IC_1 的 BCD 码输入 DCBA = 0100，经过译码后，IC_1 输出端 B、C、F、G 输出端为高电平，其余端为低电平，通过连线使数码管 LED_2 的 d、e、f 均为高电平，其余为低电平，数码管显示 "L"，表示逻

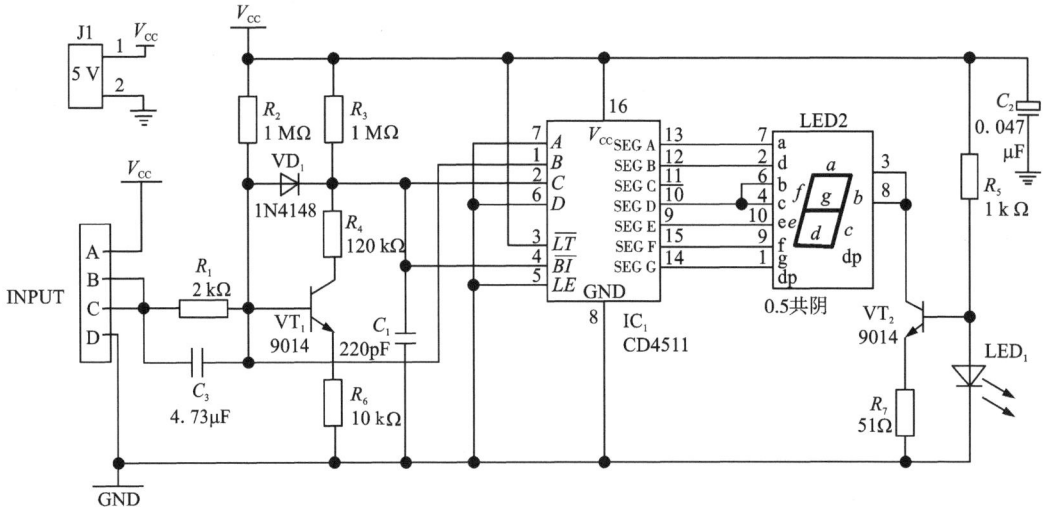

图 2 - 21　数显逻辑笔电路原理图

辑低电平。

　　INPUT 输入端输入高电平时(3.13 ~ 5 V)，VT_1 导通，其基极和集电极输出均为高电平，IC_1 的 BCD 码输入 $DCBA = 0110$，经过译码后，IC_1 输出端 C、D、E、F、G 输出为高电平，其余端为低电平，通过连线使数码管 LED_2 的 b、c、e、f、g 均为高电平，其余为低电平，数码管显示"H"，表示逻辑高电平。

2.3.3　元器件的选用与检测

1. 元器件的选用

　　$R_1 \sim R_7$ 选用 0805(1/8W)合金膜贴片电阻；C_1、C_3 选用瓷片电容器，C_2 选用耐压值为 16 V 的电解电容器；VD_1 选用 1N4148 开关二极管，LED_1 选用 5 mm 发光二极管；VT_1、VT_2 选用 TO - 92 型三极管 9014；IC_1 选用 CD4511 集成电路；LED_2 选用 SMA4205，0.5 寸共阴数码管。元器件清单见表 2 - 12。

表 2 - 12　数显逻辑笔元器件清单

序号	类型	标号	参数	数量	质量检测	备注
1	电阻器	R_1	2 kΩ	1	实测：	
2		R_2、R_3	1 MΩ	2	实测：	
3		R_4	120 kΩ	1	实测：	
4		R_5	1 kΩ	1	实测：	
5		R_6	10 kΩ	1	实测：	
6		R_7	51 Ω	1	实测：	

序号	类型	标号	参数	数量	质量检测	备注
7	电容器	C_1	220 pF	1	实测:	
8		C_2	0.047 μF	1	实测:	
9		C_3	4.7 μF	1	实测:	
10	二极管	VD_1	1N4148	1	实测:	
11		LED_1	5 mm	1	实测:	
序号	类型	标号	参数	数量	引脚图及质量检测	备注
12	三极管	VT_1、VT_2	9014	2		
13	数码管	LED_2	SMA4205	1		
14	集成电路	IC_1	CD4511	1		

2. 特殊元器件外形

特殊元器件外形如图 2 – 22 所示。

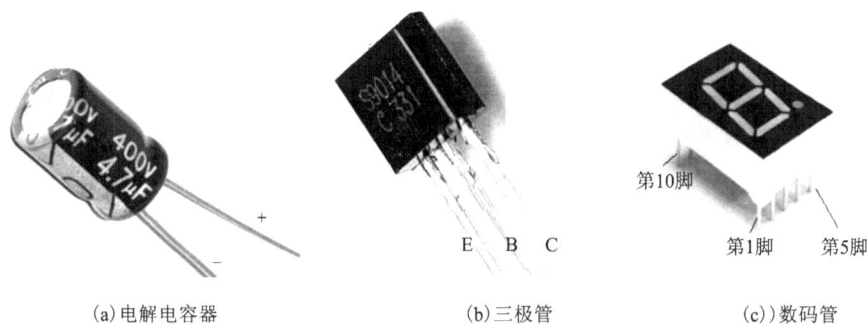

(a) 电解电容器　　　　　　(b) 三极管　　　　　　(c) 数码管

图 2 – 22　特殊元器件外形图

3. 元器件的检测

(1) 三极管的检测。

选择万用表二极管挡,任意假设一脚是基极,红表笔接基极,黑表笔分别接另两极,能测得指示值为零点几时,则假设基极正确,且此三极管是 NPN 管,反之,黑表笔接基极,红表笔分别接另两极,能测得指示值为零点几时,则此三极管是 PNP 管。将检测结果填入表 2 – 12。

(2) 数码管的检测。

共阴极型:将数字万用表置于二极管挡,黑表笔接公共端 3 或 8 脚,然后用红表笔去接触其他各引脚,只有当接触到对应段引脚时,数码管的对应笔段发光。判别各引脚所对应的笔段有无损坏。如果是共阳极型则红表笔接公共端,黑表笔接其余端。将检测情况填入表 2 – 12。

其余元器件可根据项目 1 的方法检测,将检测情况填入表 2 – 12。

2.3.4　电路安装

1. 识读电路板

根据电路板实物,参考电路原理图清理电路,查看电路板是否有短路或开路的地方,熟悉各器件在电路板中的位置。数显逻辑笔的器件布局如图2-23所示。

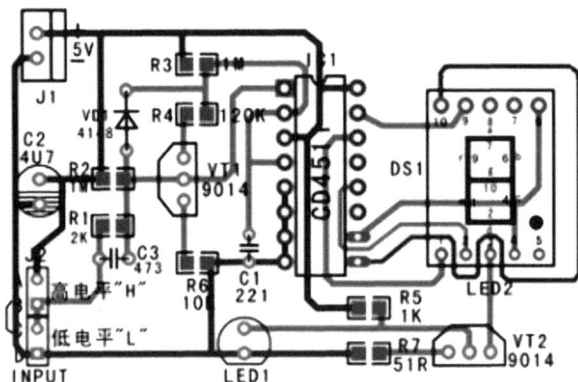

图2-23　数显逻辑笔器件布局图

2. 安装原则

按照先小件后大件的顺序安装,即按贴片电阻、瓷片电容、二极管、三极管、电解电容、集成电路、数码管的顺序安装焊接。

3. 元器件安装。

(1)0805电阻的焊接。

先将电路板上0805电阻焊接区域右侧的焊盘上锡,如图2-24所示。

用镊子轻轻地夹住电阻送入焊盘位置,用烙铁先焊接电阻的一端,烙铁头融化焊锡往电阻引脚端靠,并修整焊点成型。再焊接电阻的另一端,焊接好的效果如图2-25所示。

图2-24　上锡后的效果

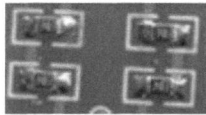

图2-25　焊接后的效果图

(2)插件元器件焊接。

参照项目1的方法进行焊接。

2.3.5　电路调试与检测

1. 电路调试

(1)安装结束,检查焊点质量(重点检查是否有错焊、漏焊、虚假焊、短路)和器件安装正确(重点检查二极管、三极管、数码管和集成电路)之后,方可通电。

（2）通电观察电路是否有异常现象（声响、冒烟），如有应立即停止通电，找明原因。

（3）通电后 LED_1 应亮，LED_2 应不亮；

（4）将输入端接 V_{cc} 时，LED_2 应显示"H"；

（5）将输入端接地时，LED_2 应显示"L"。

2. 电路检测

在通电情况下，按照下列要求用万用表测量 VT_1 和 IC_1 引脚的电压值，完成表 2 - 13。

表 2 - 13　VT_1 和 IC_1 引脚的电压值

输入端	IC_1											VT_1		
	1	2	3	4	5	6	7	9	13	14	15	B	C	E
无														
L														
H														

2.4　考核评价

数显逻辑笔的制作评价标准见表 2 - 14。

表 2 - 14　数显逻辑笔的制作评价标准

考核项目	评分点	分值	评分标准	得分
数显逻辑笔的制作	电路识图	5	能正确理解电路的工作原理，否则视情况扣1～5分	
	电路板制作	30	按电路原理图制作出电路板，要求设计合理、美观，每错一处扣1分，扣完为止	
	元件质量判定	15	正确识别元件，每错一处扣1分，扣完为止	
	电路焊接	20	元器件引脚成型符合要求，元器件装配到位；装配高度、装配形式符合要求；外壳及紧固件装配到位，不松动、不压线。不合要求每处扣1分	
	电路调试	15	正确使用仪器仪表；写出数据测试和分析报告。不能正确使用仪表测量每次扣3分，数据测试错误每次扣2分，分析报告不完整或错误视情况扣1～5分，扣完为止	
	电路检修	15	通电工作正常，如有故障应进行排除，不能排除视情况扣3～15分	
小计		100		

考核项目	评分点	分值	评分标准	得分
职业素养与操作考核	学习态度	20	不参与团队讨论，不完成团队布置的任务，抄袭作业或作品，发现一次扣2分。扣完为止	
	学习纪律	20	每缺课1次扣5分；每迟到1次扣2分；上课玩手机、玩游戏、睡觉，发现一次扣2分，扣完为止	
	团队精神	20	不服从团队的安排；与团队成员间发生与学习无关的争吵；发现团队成员做得不好或不到位或不会的地方不指出、不帮助；团队或团队成员弄虚作假，发现一次，此项计0分；其他项，每发现一次扣2.5分，扣完为止	
	操作规范	20	操作过程不符合安全操作规程；仪器设备的使用不符合相关操作规程；工具摆放不规范；物料、器件摆放不规范；工作台位台面不清洁、不按规定要求摆放物品；任务完成后不整理、清理工作台；任务完成后不按要求清扫场地内卫生；每发现一项扣2分，扣完为止。如出现触电、火灾、人身伤害、设备损坏等安全事故，此项记0分	
	行为举止	20	着装不符合规定要求；随地乱吐、乱涂、乱扔垃圾(食品袋、废纸、纸巾、饮料瓶)等；在非吸烟区吸烟；语言不文明，讲脏话；每项扣1~5分，扣完为止	
小计		100		

建议：1. 本项目的技能考核、职业素养与操作规范考核按10%比例折算计入总分；2. 理论考核根据全学期训练项目对应的理论知识在期末进行考核，本项目内容占理论试卷的20%，按10%折算计入总分。

2.5 拓展提高

八路数显抢答器的制作

八路数显抢答器电路如图2－26所示。请根据原理图及所学知识分析电路工作原理，查阅相关资料列出所需元器件清单，自行采购相应器件，参考实物布局，用万能板进行设计、组装、调试，项目完成后，撰写制作心得体会。

（a）八路数显抢答器电路实物

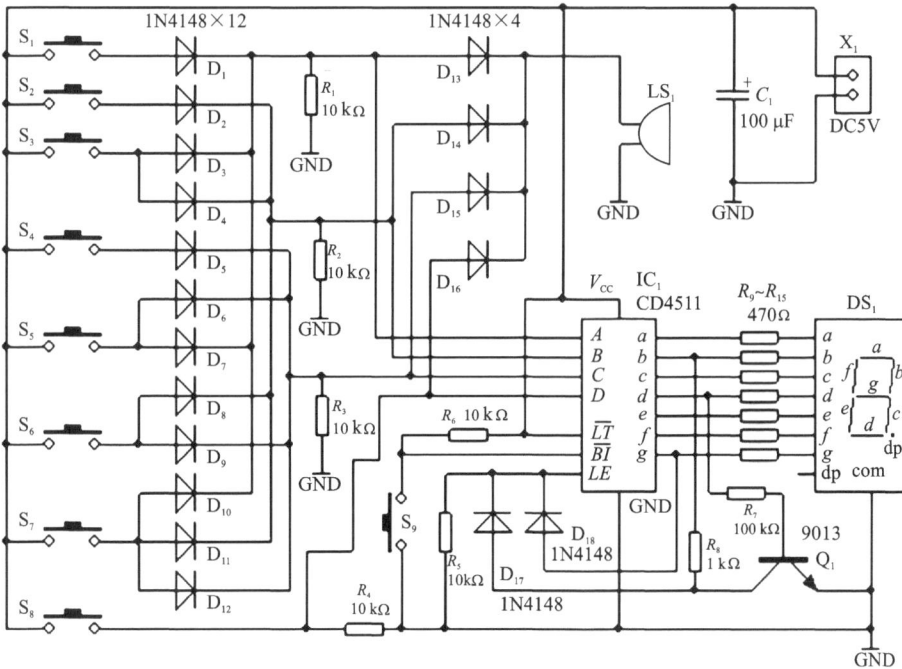

（b）八路数显抢答器电路原理图

图 2 - 26 八路数显抢答器

2.6   同步练习

2.6.1   填空题

1. 任意时刻组合逻辑电路的输出状态仅仅取决于_____，与电路_____无关。

2. 常用的组合逻辑电路有_____、_____等。

3. 组合逻辑电路一般的分析方法和步骤为：(1)根据逻辑电路图，_____写出输出逻辑函数表达式；(2)_____，得到最简逻辑函数表达式；(3)根据最简逻辑函数表达式列出_____；(4)根据所列真值表，分析确定_____。

4. 组合逻辑电路一般的设计方法和步骤为：(1)_____；(2)根据时间的因果关系，列出_____；(3)按真值表写出逻辑函数表达式；(4)将逻辑函数表达式_____；(5)_____。

5. 3 位二进制编码器有_____个输入、_____个输出，故也称_____编码器。

6. 一般编码器在任意时刻_____编码；优先编码器允许同时输入_____的信号，但电路只对_____的输入信号编码，对其他输入信号不予考虑。

7. 编码器在应用中突出的优点是可以将较多的信号_____后，用_____的信号传输线进行传输，_____传输信号线的数量。

8. 74LS147 芯片是一种常用的 8421BCD 码集成优先编码器，它的_____输入端优先级别最高；当输入 $\overline{I}_1$、$\overline{I}_2$、$\overline{I}_3$ 同时有效时，其输出 $\overline{Y}_3\,\overline{Y}_2\,\overline{Y}_1\,\overline{Y}_0$ = _____。

9. 译码是_____的逆过程，译码器的作用就是将某种代码的原意"翻译"出来，目前译码器主要由集成门电路构成，按其功能可分为_____和_____。

10. n 输入端的二进制译码器，有_____个输出线，按其输入和输出的线数，二进制译码器可分为_____译码器、_____译码器和_____译码器等。

11. 二 – 十进制译码器也称_____译码器，它的功能是将输入的_____码，译成 10 个高、低电平输出信号，因此也称_____译码器。

12. 显示译码器的作用是_____，显示相应的十进制数字图形；常用的数码显示管有_____、_____和_____等。

2.6.2   选择题

1. 组合逻辑电路的设计是指(　　)。

A. 根据实际问题的逻辑关系画逻辑电路图

B. 根据逻辑电路图确定其实现的逻辑功能

C. 根据真值表写出逻辑函数表达式

D. 根据逻辑函数表达式画出逻辑电路

2. 组合逻辑电路的分析是指(　　)。

A. 根据实际问题的逻辑关系画逻辑电路图

B. 根据逻辑电路图确定其实现的逻辑功能

C. 根据真值表写出逻辑函数表达式

D. 根据逻辑函数表达式画出逻辑电路

3. 组合逻辑电路结构上具有的特点是(　　　)。

A. 电路的输出状态与以前的状态有关

B. 输出、输入间无反馈通路

C. 输出、输入间有反馈通路

D. 具有记忆功能

4. 设计组合逻辑电路时,根据真值表写出的逻辑函数表达式(　　　)。

A. 无须化简和转换

B. 必须化简为最简与或表达式

C. 必须化简为最简与非表达式

D. 根据实际需要化简或转换

5. 输入、输出高电平有效的 16 线 - 4 线编码器输入 I_9 有效时,其输出由高位到低位的状态位为(　　　)。

A. 0110　　　　　　　　　　　　　　　B. 1010

C. 0101　　　　　　　　　　　　　　　D. 1001

6. 将十进制的 10 个数字编成二进制码的组合逻辑电路,称为(　　　)。

A. 十进制编码器　　　　　　　　　　B. BCD 编码器

C. 二进制编码器　　　　　　　　　　D. 优先编码器

7. 8421BCD 编码器的输入量有(　　　)个,输出量有(　　　)个。

A. 4　　　　　　　　　　　　　　　　B. 10

C. 8　　　　　　　　　　　　　　　　D. 16

8. 优先编码器同时有两个信号输入时,是按(　　　)的输入信号编码。

A. 高电平　　　　　　　　　　　　　B. 低电平

C. 高优先级　　　　　　　　　　　　D. 高频率

9. 集成电路 74LS138 是(　　　)译码器。

A. 8421BCD 码译码器　　　　　　　B. 8 线 - 3 线译码器

C. 二 - 十进制译码器　　　　　　　D. 10 个输入端,4 个输出端

10. 要使集成电路 74LS138 正常译码,须将 $S_A \overline{S}_B \overline{S}_C$ 置成(　　　)。

A. 000　　　　　　　　　　　　　　B. 100

C. 010　　　　　　　　　　　　　　D. 111

11. 集成电路 74LS42 有(　　　)。

A. 2 个输入端,10 个输出端　　　　B. 3 个输入端,8 个输出端

C. 4 个输入端,10 个输出端　　　　D. 10 个输入端,4 个输出端

12. 七段共阴极半导体数码管要显示数码"3",则与之相连接的显示译码器 a ~ g 输出的电平应为(　　　)。

A. 0000110　　　　　　　　　　　　B. 1111001

C. 1001111　　　　　　　　　　　　D. 1011011

2.6.3 综合题

1. 根据图 2 - 27 所示各电路，写出相应的逻辑函数表达式并化简。

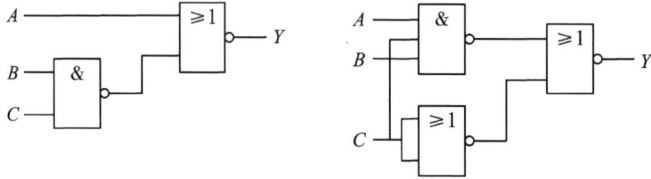

图 2 - 27

2. 列出下列逻辑函数表达式的真值表。

(1) $Y = \overline{AB} + \overline{C}$

(2) $Y = A\overline{B} + AC + \overline{A}B$

(3) $Y = \overline{AB} + \overline{CD}$

3. 根据表 2 - 15 写出逻辑函数表达式并化简。

表 2 - 15

A	B	C	D
0	0	0	1
0	0	1	0
0	1	0	1
0	1	1	1
1	0	0	1
1	0	1	0
1	1	0	0
1	1	1	0

4. 电路如图 2 - 28 所示，分析其逻辑功能。

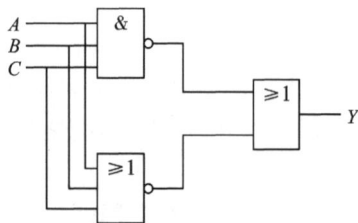

图 2 - 28

5. 用74LS00集成与非门电路设计一个三地控制一盏灯电路,并画出安装电路。

6. 分析图2-29所示的3位二进制编码器,写出输出的逻辑函数表达式,列出真值表,并判别输入位高电平有效还是低电平有效。

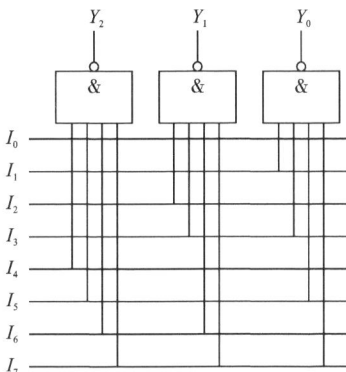

图2-29

7. 上题中,若I_2输入有效,输出编码是什么?若I_4输入有效,输出编码是什么?若I_2输入和I_4输入同时有效,输出编码是什么?试分析输出结果。

8. 根据表2-16,用与非门组成相应的编译码,画出逻辑电路。

表2-16

输入	输出			
	Y_3	Y_2	Y_1	Y_0
I_0	0	0	0	0
I_1	0	0	1	1
I_2	0	1	1	0
I_3	1	1	0	0
I_4	1	0	0	1

9. 二进制译码器74LS138构成的电路如图2-30所示,写出F_2、F_1的逻辑函数表达式。

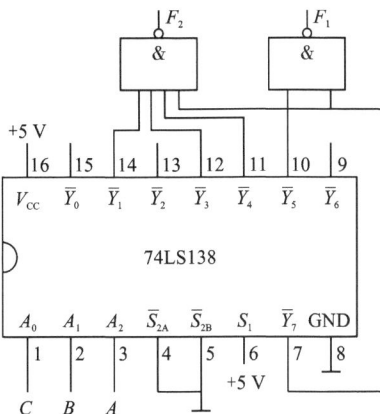

图2-30

10. 试用74LS138芯片构成少数服从多数的三人表决器电路,画出逻辑电路图。

项目3 四路抢答器的制作

3.1 项目描述

本项目介绍的四路抢答器,可用于各种竞赛的抢答,当主持人按下开始抢答键后,参赛选手按下代表自己组号的按键,数码管显示抢答成功的组号。

图 3-1 四路抢答器

通过本项目的学习与实践,可以让读者获得如下知识和技能:

(1)了解基本 RS 触发器的组成,掌握其逻辑功能;

(2)了解同步 RS 触发器的特点和时钟脉冲的作用,掌握其逻辑功能;

(3)了解 JK 触发器的电路组成,掌握其逻辑功能;

(4)会运用 JK 触发器转换成 D 触发器、T 触发器、T′触发器;

(5)会测试常用集成触发器逻辑功能,能运用集成触发器制作简单功能电路;

(6)会制作和调试触发器构成的典型应用电路。

3.2　知识准备

　　要完成以上要求的抢答器的制作,需要具备以下一些相关的知识和技能,下面分别进行阐述。

3.2.1　RS 触发器

3.2.1.1　基本 RS 触发器

　　1. 电路结构和图形符号

　　将两个与非门的输入、输出端交叉连接,即构成一个基本 RS 触发器,如图 3 – 2(a)所示。图中 $\overline{R}$、$\overline{S}$ 是两个输入端,字母上的非号表示低电平有效;Q、$\overline{Q}$ 是两个输出端。两个输出端的状态始终是互补的,即一端为高电平时,另一端则为低电平,反之亦然。图 3 – 2(b)所示是它的图形符号。

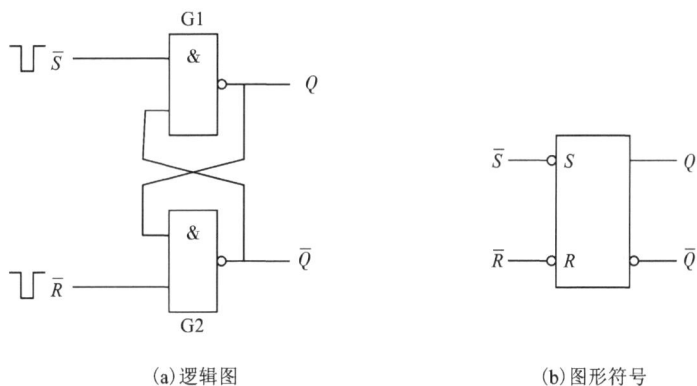

(a)逻辑图　　　　　　　　　　　　(b)图形符号

图 3 – 2　与非门组成的基本 RS 触发器

　　2. 逻辑功能

　　通常规定触发器 Q 端的状态为触发器状态。当 $Q=0(\overline{Q}=1)$ 时,称触发器处于 0 状态,反之,当 $Q=1(\overline{Q}=0)$ 时,称触发器为 1 状态。

　　(1)当 $\overline{R}=1$,$\overline{S}=1$ 时,具有保持功能。

　　当 $\overline{R}=1$,$\overline{S}=1$ 时,根据与非门逻辑关系可知触发器输出状态由触发器原来的状态所决定。

　　若触发器原来为 0 态,即 $Q=0(\overline{Q}=1)$,G1 的两个输入端均为 1,使 G1 输出端 $Q=0$,即触发器保持 0 状态不变。若触发器原来为 1 态,即 $Q=1(\overline{Q}=0)$,G1 的两个输入端为 $\overline{S}=1$,$\overline{Q}=0$,因此输出 $Q=1$,即触发器保持 1 状态不变。

　　可见,无论触发器原来是什么状态,基本 RS 触发器在 $\overline{R}=1$,$\overline{S}=1$ 时总是保持原来状态不变,这就是触发器的记忆功能。$\overline{R}=1$,$\overline{S}=1$,也可认为输入端悬空,没有加入触发信号。需改变触发器的状态,必加入适当的触发信号。

(2)当 $\overline{R}=0$, $\overline{S}=1$ 时, 具有置 0 功能。

由于 $\overline{R}=0$, 因为与非门逻辑功能是有 0 出 1, 所以无论触发器原态为 0 还是 1, G2 输出为 1, 使 $\overline{Q}=1$; 而 G1 的两个输入端均为 1, 因为与非门逻辑功能是全 1 出 0, 所以 G1 的输出为 0, 使 $Q=0$, 即触发器完成置 0。$\overline{R}$ 端称为触发器的置 0 端或复位端, 非号表示低电平有效。

(3)当 $\overline{R}=1$, $\overline{S}=0$ 时, 具有置 1 功能。

由于 $\overline{S}=0$, 无论触发器原态为 0 还是 1, G1 的输出为 1, 使 $Q=1$, 而 G2 的两个输入端均为 1, 使 $\overline{Q}=0$, 即触发器完成置 1。$\overline{S}$ 端称为触发器的置 1 端或置位端, 同样是低电平有效。

(4)当 $\overline{R}=0$, $\overline{S}=0$ 时, 触发器状态不确定。

当 $\overline{R}$ 和 $\overline{S}$ 全为 0 时, 迫使 $Q=\overline{Q}=1$, 破坏了前面两个输出端状态始终是互补的约定, 在逻辑上是不允许的, 这种情况应当禁止, 否则会出现逻辑混乱或错误。

综上分析, 基本 RS 触发器的逻辑功能见表 3 – 1(表中 Q^n 称为原状态, Q^{n+1} 称为次态)。

表 3 – 1   基本 RS 触发器的功能表

输入信号		输出状态	功能说明
$\overline{R}$	$\overline{S}$	Q^{n+1}	
0	0	不定	不允许
0	1	0	置 0
1	0	1	置 1
1	1	不变(Q^n)	保持

3.2.1.2 同步 RS 触发器

基本 RS 触发器的输出状态直接受输入信号的控制; 而在一个数字电路中, 通常需要采用多个触发器, 为了使系统协调工作, 必须由一个同步信号控制, 要求各触发器只有在同步信号到来时, 才能由输入信号改变触发器的状态。这样的触发器称为同步 RS 触发器, 这个同步信号称为时钟脉冲或 CP 脉冲。

1. 电路结构和图形符号

同步 RS 触发器是在基本 RS 触发器的基础上, 增加了两个与非门 G3、G4 和一个时钟脉冲端 CP。逻辑电路与图形符号如图 3 – 3 所示。

2. 逻辑功能

(1)当 CP = 0 时, 与非门 G3、G4 均被封锁, 无论 R、S 端信号如何, 它们的输出均为 1, 相当于本 RS 触发器的 $\overline{R}=\overline{S}=1$ 的情况, 此时触发器保持原来状态不变。

(2)当 CP = 1 时, 与非门 G3、G4 组成的控制门打开, 触发器输出状态由输入端 R、S 信号决定, 由于 G3、G4 在电路中的作用相当于非门, 所以 R、S 输入高电平有效。

根据与非门和基本 RS 触发器的逻辑关系, 可以列出同步 RS 触发器的功能表, 如表 3 – 2 所示(" ×"表示可以为任意状态)。触发器具有置 0、置 1 和保持的逻辑功能。

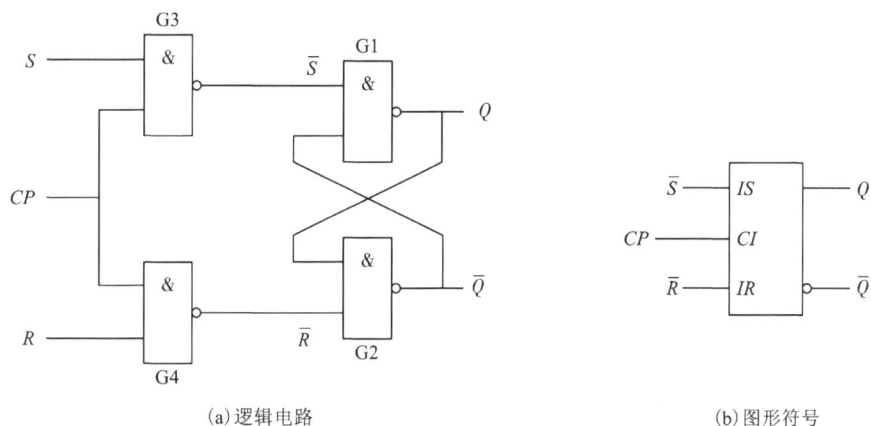

(a) 逻辑电路　　　　　　　　　　　　(b) 图形符号

图 3－3　与非门组成的同步 RS 触发器

表 3－2　同步 RS 触发器的真值表

CP	R	S	Q^{n+1}	功能说明
0	×	×	Q^n	保持
1	0	0	Q^n	保持
1	0	1	1	置1
1	1	0	0	置0
1	1	1	不定	不允许

3.2.2　做中学(一)

实验　测试用与非门组成基本 RS 触发器的逻辑功能

(1) 用 74LS00 芯片组成的基本 RS 触发器如图 3－4 所示。

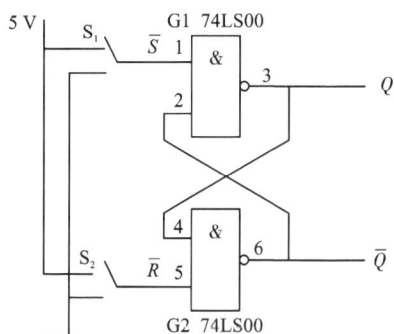

图 3－4　与非门组成的基本 RS 触发器功能测试

（2）接通电源，按表3-3操作要求输入信号，将检测结果填入表中。

表3-3 基本RS触发器的逻辑功能测试表

操作	输入		输出		功能
	1脚 $\bar{S}$	5脚 $\bar{R}$	3脚 Q	6脚 $\bar{Q}$	
将 S_1、S_2 扳向上，即 $\bar{S}=1,\bar{R}=1$	1	1			
扳下 S_1、S_2 仍向上，即 $\bar{S}=0,\bar{R}=1$	0	1			
再把 S_1 扳向上，即 $\bar{S}=1,\bar{R}=1$	1	1			
把 S_2 扳向下，即 $\bar{S}=1,\bar{R}=0$	1	0			
再把 S_2 扳向上，即 $\bar{S}=1,\bar{R}=1$	1	1			
把 S_1、S_2 都扳向下，即 $\bar{S}=0,\bar{R}=0$	0	0			

3.2.3 JK 触发器

3.2.3.1 JK 触发器的电路组成和逻辑功能

同步 RS 触发器在 $CP=1$ 期间，当 $R=S=1$ 时，输出还是存在状态不确定的现象，因而其应用也受到较大限制。为了克服上述不足，本节将介绍功能更加完善的 JK 触发器。

1. 电路结构和图形符号

JK 触发器是在同步 RS 触发器的基础上引入两条反馈线构成的，如图3-5(a)所示。这样当 $CP=1$，$R=S=1$ 时，使 $\bar{R}=\bar{Q}$，$\bar{S}=Q$（即 $\bar{R}$、$\bar{S}$ 不可能同时为0），可以从根本上解决触发器输出不确定的问题。将 S、R 输入端改写成 J、K 输入端，即为 JK 触发器。图形符号如图3-5(b)所示。

2. 逻辑功能

在 $CP=0$ 期间：与非门 G3、G4 被 CP 端的低电平关闭，使输入信号不起作用，$\bar{S}=\bar{R}=1$，基本 RS 触发器保持原来状态不变，即 $Q^{n+1}=Q^n$。

在 $CP=1$ 期间：

（1）保持功能。

当 $J=K=0$ 时，与非门 G3、G4 的输出 $\bar{S}=1$，$\bar{R}=1$，触发器保持原来状态不变，即 $Q^{n+1}=Q^n$。

（2）置0功能。

当 $J=0,K=1$ 时，与非门 G3 的输出 $\bar{S}=1$，与非门 G4 的输出 $\bar{R}=\bar{Q}$。若触发器原来状态为0，则 $\bar{R}=1$，触发器输出保持原来状态，即输出为0；若触发器原来状态为1，则 $\bar{R}=0$，触发器输出为0。因此，只要 $J=0,K=1$，触发器置0。

（3）置1功能。

当 $J=1$，$K=0$ 时，与非门 G3 的输出 $\bar{S}=Q$，与非门 G4 的输出 $\bar{R}=1$。若触发器原来状态为0，则 $\bar{S}=0$，触发器输出为1；若触发器原来状态为1，则 $\bar{S}=1$，触发器输出保持为原来

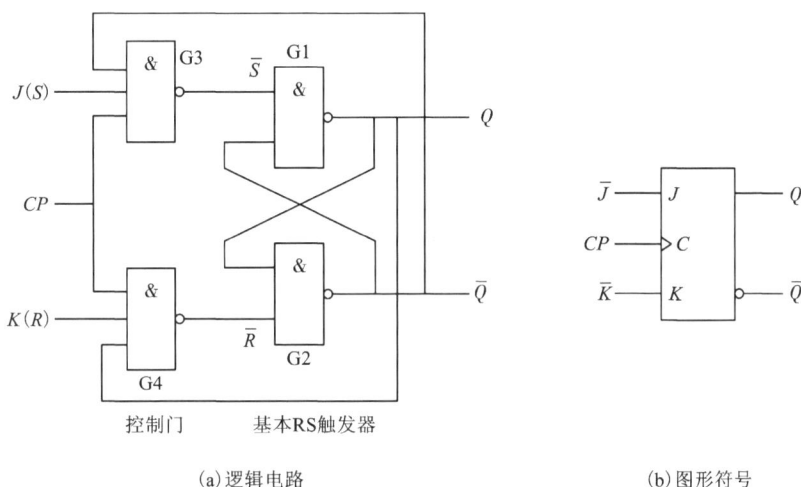

(a)逻辑电路 (b)图形符号

图 3 - 5 JK 触发器

状态,输出为 1。因此,只要 $J = 1, K = 0$,触发器置 1。

(4)翻转功能(也称为计数功能)。

当 $J = K = 1$ 时,与非门 G3 的输出 $\bar{S} = Q$,G4 的输出 $\bar{R} = \bar{Q}$。若触发器原来状态为 0,则 $\bar{S} = 0$,$\bar{R} = 1$,触发器输出置 1;若触发器原来状态为 1,则 $\bar{S} = 1$,$\bar{R} = 0$,触发器输出置 0。也就是触发器的输出总是与原来状态相反,即 $Q^{n+1} = \bar{Q^n}$,称为翻转或计数。

综上所述,JK 触发器不仅可以避免输出不确定状态,而且还增加了触发器的逻辑功能,见表 3 - 4。

表 3 - 4 JK 触发器的功能表

CP	J	K	Q^{n+1}	功能说明
0	×	×	Q^n	保持
1	0	0	Q^n	保持
1	0	1	0	置 0
1	1	0	1	置 1
1	1	1	$\bar{Q^n}$	翻转

为方便记忆,JK 触发器的逻辑功能可归纳为:$J = K = 0$ 时,$Q^{n+1} = Q^n$(保持);$J = K = 1$ 时,$Q^{n+1} = \bar{Q^n}$(翻转);$J \neq K$ 时,$Q^{n+1} = J$。

3.2.3.2 集成 JK 触发器 74LS112

1. 实物和引脚排列

图 3 - 6 所示为 74LS112 芯片的实物和引脚排列图。它内含两个独立的下降沿触发的 JK 触发器,1 开头的标号端是第一个 JK 触发器的相关引脚,2 开头的标号端是第二个 JK 触发

器的相关引脚。$\overline{R}_D$、$\overline{S}_D$ 端的作用不受 CP 同步脉冲控制，$\overline{R}_D$ 称为直接置 0 端（又称直接复位端），$\overline{S}_D$ 称为直接置 1 端（又称直接置位端），$\overline{R}_D$、$\overline{S}_D$ 端的非号表示低电平有效。

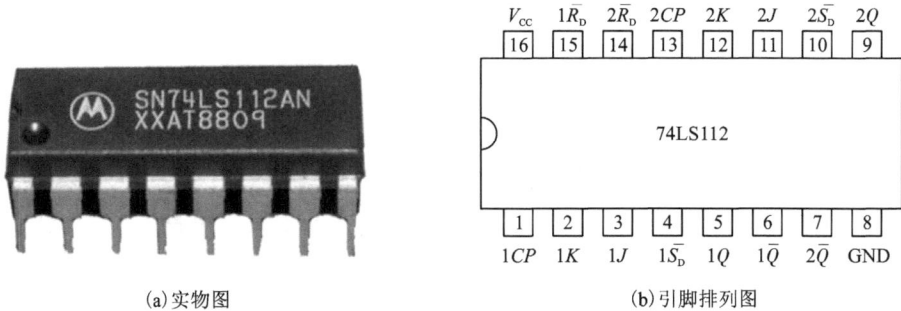

(a)实物图   (b)引脚排列图

图 3-6   集成双 JK 触发器 74LS112

2. 逻辑功能

表 3-5 是集成双 JK 触发器 74LS112 的逻辑功能表，表中的"↓"表示下降沿触发。在实际应用中，$\overline{R}_D$、$\overline{S}_D$ 常用来设置触发器的初态，初态设置结束后，$\overline{R}_D$、$\overline{S}_D$ 都应保持高电平，以保证触发器正常工作。

表 3-5   集成双 JK 触发器 74LS112 的逻辑功能表

输入					输出	逻辑功能
$\overline{R}_D$	$\overline{S}_D$	CP	J	K	Q^{n+1}	
0	1	×	×	×	0	设置初态
1	0	×	×	×	1	
1	1	↓	0	0	Q^n	保持
1	1	↓	0	1	0	置0
1	1	↓	1	0	1	置1
1	1	↓	1	1	$\overline{Q^n}$	翻转

3.2.4   做中学(二)

实验   测试集成 JK 触发器 74LS112 的逻辑功能

1. 测试 $\overline{R}_D$、$\overline{S}_D$ 的复位和置位功能

(1)任取 74LS112 芯片中一组 JK 触发器，$\overline{R}_D$、$\overline{S}_D$、J、K 端接逻辑开关，CP 端接单次脉冲源，Q、$\overline{Q}$ 端接发光二极管，如图 3-7 所示。

(2)按表 3-6 所示的要求，在 $\overline{R}_D = 0$，$\overline{S}_D = 1$ 或者 $\overline{R}_D = 1$，$\overline{S}_D = 0$ 作用期间，任意改变 J、K、CP 状态，观察 Q、$\overline{Q}$ 的状态，将实验结果记录到表 3-6 中。

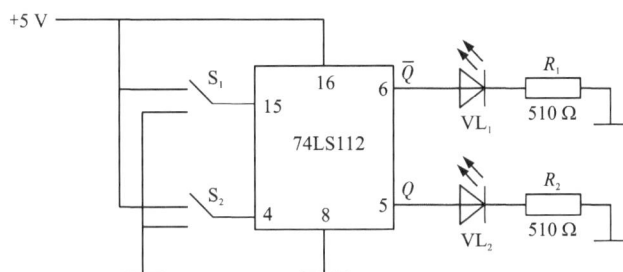

图 3 - 7　74LS112 芯片异步复位、置位功能测试

表 3 - 6　JK 触发器异步复位端和置位端测试表

CP	J	K	$\overline{R}_\mathrm{D}$	$\overline{S}_\mathrm{D}$	Q^{n+1}
×	×	×	0	1	
×	×	×	1	0	

2. 测试逻辑功能

（1）按图 3 - 8 所示接线，CP 脉冲由 0 - 1 按钮提供。

（2）接表 3 - 7 要求改变 J、K、CP 状态，观察 Q、$\overline{Q}$ 的状态变化和触发器状态更新是否发生在 CP 脉冲的下降沿（即 1→0），并记录到表中。

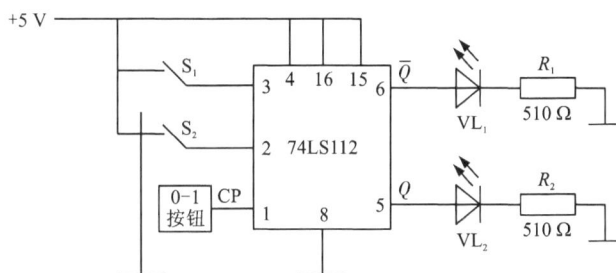

图 3 - 8　74LS112 芯片功能测试图

表 3 - 7　JK 触发器的逻辑功能测试

J	K	CP	设初态为 0		设初态为 1		功能说明
			Q^n	Q^{n+1}	Q^n	Q^{n+1}	
0	0	0→1	0		1		
		1→0	0		1		
0	1	0→1	0		1		
		1→0	0		1		
1	0	0→1	0		1		
		1→0	0		1		
1	1	0→1	0		1		
		1→0	0		1		

3.2.5　D 触发器、T 触发器、T′触发器

JK 触发器的逻辑功能最为齐全，在实际应用中，它不仅有很强的通用性，而且能灵活地转换成其他类型的触发器。本节将讨论用 JK 触发器如何构成 D 触发器、T 触发器、T′触发器。

3.2.5.1　D 触发器

1. 电路结构和图形符号

将 JK 触发器 J 端通过非门 G 接到 K 端，使 $D = J = \overline{K}$。触发器的输入信号从 D 端加入，这就构成了 D 触发器。逻辑图及符号如图 3-9 所示。CP 端有小圆圈为下降沿触发，无小圆圈则为上升沿触发。

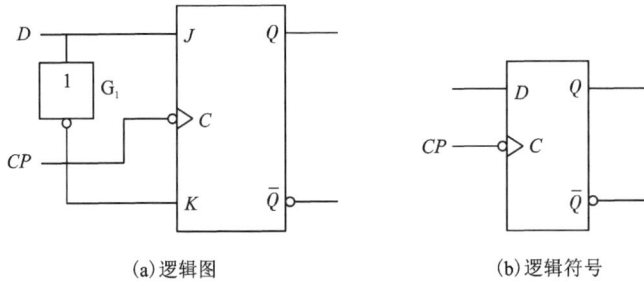

(a)逻辑图　　　　　　　　　　(b)逻辑符号

图 3-9　D 触发器逻辑图及符号

2. 逻辑功能

(1) $D = 0$，置 0。

当 $D = 0$ 时，与 JK 触发器的 $J = 0$、$K = 1$ 的情况相同。当 CP 脉冲的下降沿到来后，触发器输出为 0，即置 0。

(2) $D = 1$，置 1。

当 $D = 1$ 时，与 JK 触发器的 $J = 1$、$K = 0$ 的情况相同。当 CP 脉冲的下降沿到来后，触发器输出为 1，即置 1。

综上分析，在时钟脉冲下降沿到来后，D 触发器的输出状态与时钟脉冲下降沿到来之前时刻的 D 端状态相同，即 $Q^{n+1} = D$。D 触发器的功能表如表 3-8 所示。

表 3-8　D 触发器的功能表

CP	D	Q^{n+1}	逻辑功能
非下降沿	×	Q^n	保持
↓	0	0	置 0
↓	1	1	置 1

3. 集成 D 触发器

（1）实物和引脚排列。

图 3 - 10 所示为 74LS74 芯片的实物和引脚排列，它集成了两个上升沿触发的 D 触发器。CP 为时钟输入端；D 为数据输入端；Q、$\overline{Q}$ 为互补输出端；$\overline{R}_D$ 为直接复位端，低电平有效；$\overline{S}_D$ 为直接置位端，低电平有效；$\overline{R}_D$ 和 $\overline{S}_D$ 用来设置初始状态。

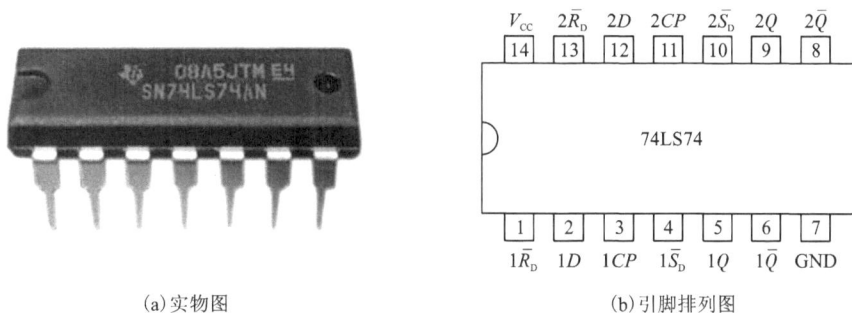

(a)实物图　　　　(b)引脚排列图

图 3 - 10　集成双上升沿 D 触发器 74LS74

（2）逻辑功能。

表 3 - 9 是集成双上升沿 D 触发器 74LS74 的功能表，表中的"↑"表示上升沿触发。

表 3 - 9　74LS74 逻辑功能表

输入				输出	逻辑功能
$\overline{R}_D$	$\overline{S}_D$	CP	D	Q^{n+1}	
0	1	×	×	0	设置初态
1	0	×	×	1	设置初态
1	1	↑	1	1	置 1
1	1	↑	0	0	置 0

3.2.5.2　T 触发器

1. 电路结构和图形符号

将 JK 触发器 J、K 端连接在一起，使 $T = J = K$。触发器的输入信号从 T 端加入，这就构成了 T 触发器。逻辑图及逻辑符号如图 3 - 11 所示。CP 端有小圆圈为下降沿触发，无小圆圈为上升沿触发。

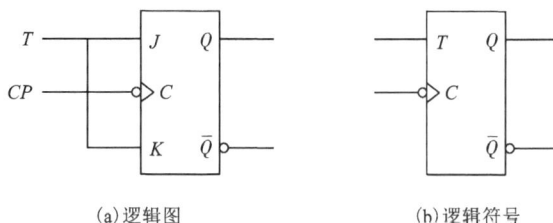

(a)逻辑图　　　　(b)逻辑符号

图 3 - 11　T 触发器逻辑图及逻辑符号

2. 逻辑功能

(1) $T = 0$, 保持。

当 $T = 0$ 时, 与 JK 触发器的 $J = 0$、$K = 0$ 的情况相同。当 CP 脉冲的下降沿到来后, 触发器输出保持原来状态不变。

(2) $T = 1$, 计数。

当 $T = 1$ 时, 与 JK 触发器的 $J = 1$、$K = 1$ 的情况相同。当 CP 脉冲的下降沿到来后, 触发器输出状态就翻转一次, 又称为计数。

综上分析, 可列出 T 触发器的功能表, 如表 3 - 10 所示。

表 3 - 10　T 触发器的功能表

CP	T	Q^{n+1}	逻辑功能
非下降沿	×	Q^n	保持
↓	0	Q^n	保持
↓	1	$\overline{Q}^n$	计数

3.2.5.3　T′触发器

T′触发器就是将 T 触发器的输入端接高电平($T = 1$), 每次 CP 作用后, 触发器的输出状态与原来状态相反, 一直处于计数功能。它的逻辑功能就是每来一个时钟脉冲, 触发器就计数一次。JK 触发器、D 触发器如何构成 T′触发器详见项目 5 中 5.2.4 节中的二进制计数器。

3.2.6　做中学

实验　测试集成双上升沿 D 触发器 74LS74 的逻辑功能

(1) 测试 $\overline{R}_D$、$\overline{S}_D$ 的复位和置位功能。

测试方法同 JK 触发器。

(2) 测试 D 触发器的逻辑功能。

按图 3 - 12 所示接线, 按表 3 - 11 所示的要求进行测试, 并观察触发器状态更新是否发生在 CP 脉冲的上升沿($0 \rightarrow 1$)。记录并分析实验结果, 判断是否与 D 触发器的工作原理一致。

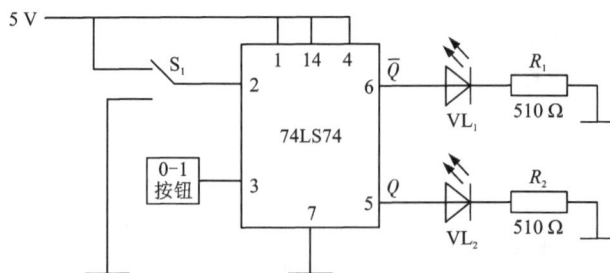

图 3 - 12　74LS74 芯片功能测试

表 3 – 11 D 触发器的逻辑功能测试表

D	CP	设初态为 0		设初态为 1		功能说明
		Q^n	Q^{n+1}	Q^n	Q^{n+1}	
0	0→1	0		1		
	1→0	0		1		
1	0→1	0		1		
	1→0	0		1		

3.3 任务实现

3.3.1 认识电路组成

该四路抢答器主要由抢答控制电路、数据锁存器、输出显示器三部分组成。其电路组成方框图如图 3 – 13 所示。

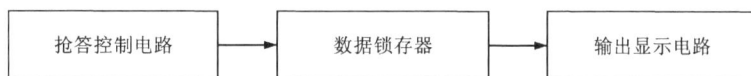

图 3 – 13 四路抢答器组成方框图

电路原理图如图 3 – 14 所示，S_1、S_2、S_3、S_4、R_1、R_2、R_3、R_4、R_5、K_1 组成抢答控制电路，其中 R_1、K_1 组成抢答器复位电路；IC_1（74HC373）、IC_2（74LS20）组成数据锁存电路；三极管 $Q_1 \sim Q_4$、数码管 $DS_1 \sim DS_4$ 构成输出显示电路。

3.3.2 认识工作过程

四个数码管的连接情况：DS_1 的 b、c 接高电平，只要公共阴极 3、8 脚为低电平，将显示数字"1"；DS_2 的 a、b、d、e、g 接高电平，只要公共阴极 3、8 脚为低电平，将显示数字"2"；DS_3 的 a、b、c、d、g 接高电平，只要公共阴极 3、8 脚为低电平，将显示数字"3"；DS_4 的 b、c、f、g 接高电平，只要公共阴极 3、8 脚为低电平，将显示数字"4"。

抢答前电路状态：通电后在主持人按下 K_1（复位）按键，选手未按任何按键时，IC_1 的 1 脚输入为高电平，IC_1 所有的输出端为高阻态，一方面导致 $Q_1 \sim Q_4$ 全部截止，数码管全部熄灭，另一方面由于 IC_1 所有的输出端为高阻态，IC_{2B} 的 9、10、12、13 脚为高电平，IC_{2B} 的输出为低电平；IC_{2A} 的 1、2、4、5 脚为低电平，IC_{2A} 的输出为高电平；IC_1 的 11 脚为高电平，主持人放开按键瞬间至选手未按任何按键，IC_1 的 3、4、7、8 脚输入为高电平，IC_1 的所有输出为高电平，$Q_1 \sim Q_4$ 仍然截止，数码管依旧全部熄灭。做好抢答前的准备。

抢答时电路状态：按下 $S_1 \sim S_4$ 中的任一按键时，IC_1 相应的脚为低电平，假设按下 S_1，IC_1 第 3 脚为低电平，4、7、8 脚为高电平，IC_1 输出端 2 脚为低电平，5、6、9 脚为高电平，一方面 Q_1 饱和导通，Q_2、Q_3、Q_4 截止，DS_1 显示数字"1"，DS_2、DS_3、DS_4 熄灭。另一方面 IC_1 第 2 脚低

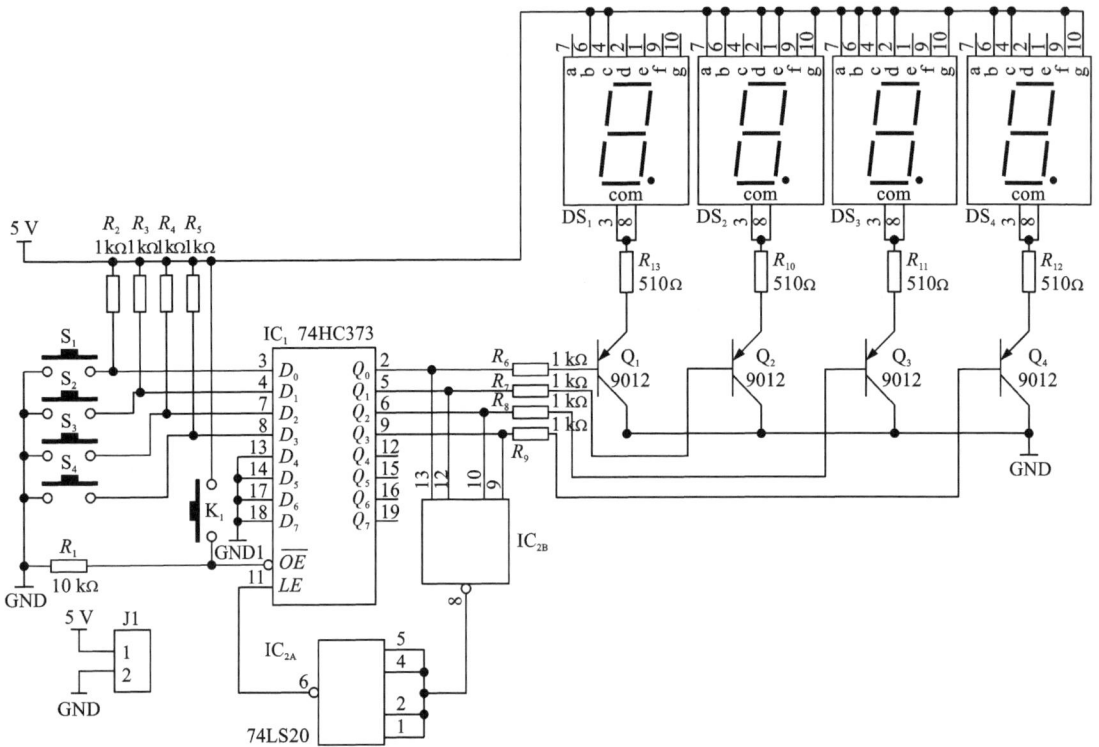

图 3-14　四路抢答器电路原理图

电平，5、6、9 脚高电平，经 IC_{2B} 后输出为高电平，再经 IC_{2A} 后从第 6 脚输出低电平，送至 IC_1 第 11 脚(锁存允许端 LE)，使得 IC_1 所有的输出端数据保持不变，即再按下其他抢答键无效。只有主持人再次按下复合键 K_1 后才有机会再次抢答。

3.3.3　元器件的选用与检测

1．元器件的选用

$R_1 \sim R_{13}$ 选用 1/4W 插件碳膜电阻器；$Q_1 \sim Q_4$ 选用 9012 三极管；K_1、$S_1 \sim S_4$ 选用四角按键开关；$DS_1 \sim DS_4$ 选用共阴极数码管；IC_1 选用 74HC373、IC_2 选用 74LS20 插件集成电路。元器件清单见表 3-12。

表 3-12　四路抢答器元器件清单

序号	类型	标号	参数	数量	质量检测	备注
1	电阻器	R_1	10 kΩ	1	实测：	
2		$R_2 \sim R_9$	1 kΩ	8	实测：	
3		$R_{10} \sim R_{13}$	510 Ω	4	实测：	

序号	类型	标号	参数	数量	引脚图及质量检测	备注
4	按钮开关	$S_1 \sim S_4$、K_1	6mm × 6mm × 5mm	5		
5	三极管	$Q_1 \sim Q_4$	9012	4		
6	数码管	$DS_1 \sim DS_4$	SMA4205	4		
7	集成电路	IC_1	74HC373	1		
8		IC_2	74LS20	1		

2. 元器件的检测

按照项目 1 和项目 2 的方法对各元器件进行质量检测,检测后将测量情况填入表 3 – 12。

3.3.4 电路安装

1. 识读电路板

根据电路板实物,参考电路原理图清理电路,查看电路板是否有短路或开路的地方,熟悉各器件在电路板中的位置。四路抢答器的电路板如图 3 – 15 所示。

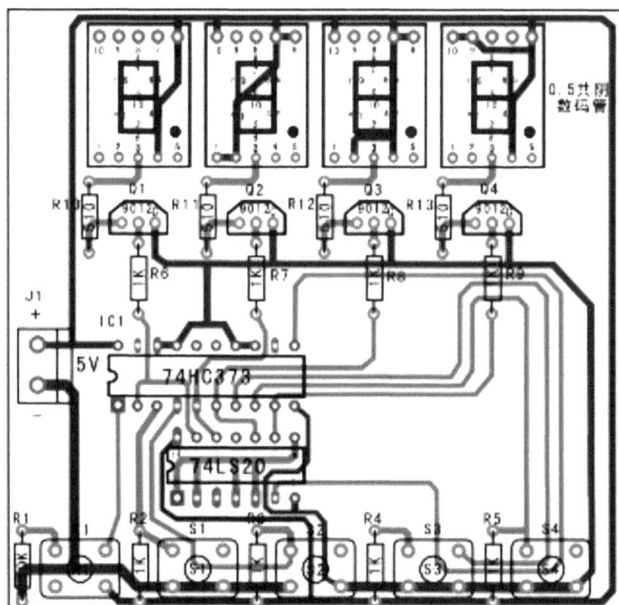

图 3 – 15 四路抢答器电路板图

2. 安装原则

按照先小件后大件的顺序安装,即按电阻器、三极管、集成电路、按键开关、数码管的顺序安装焊接。

3. 元器件安装

元器件安装参照项目 1 和项目 2 的方法进行即可。

3.3.5 电路调试与检测

1. 电路调试

(1)安装结束,检查焊点质量(重点检查是否有错焊、漏焊、虚假焊、短路)和器件安装是否正确(重点检查三极管、数码管和集成电路)之后,方可通电。

(2)通电观察电路是否有异常现象(声响、冒烟),如有应立即停止通电,找明原因。

(3)在无抢答按键按下时,按下 K_1 复位开关,各数码管均不发亮。

(4)复位后按下 S_1,DS_1 应显示数字"1",复位后按下 S_2,DS_2 应显示数字"2",复位后按下 S_3,DS_3 应显示数字"3",复位后按下 S_4,DS_4 应显示数字"4"。

2. 电路检测

(1)在无抢答键按下时,按下 K_1 键后,用万用表测量下列点电压值,完成表 3 - 13。

表 3 - 13　数据记录表一

	IC$_1$									IC$_2$		Q$_1$		Q$_2$		Q$_3$		Q$_4$	
	1	2	3	4	5	6	7	8	9	6	8	B	E	B	E	B	E	B	E
电压																			
逻辑																			

(2)按下 K_1 键后,按下 S_1 键后,用万用表测量下列点电压值,完成表 3 - 14。

表 3 - 14　数据记录表二

	IC$_1$									IC$_2$		Q$_1$		Q$_2$		Q$_3$		Q$_4$	
	1	2	3	4	5	6	7	8	9	6	8	B	E	B	E	B	E	B	E
电压																			
逻辑																			

(3)按下 K_1 键后,按下 S_2 键后,用万用表测量下列点电压值,完成表 3 - 15。

表 3 - 15　数据记录表三

	IC$_1$									IC$_2$		Q$_1$		Q$_2$		Q$_3$		Q$_4$	
	1	2	3	4	5	6	7	8	9	6	8	B	E	B	E	B	E	B	E
电压																			
逻辑																			

(4)按下 K_1 键后,按下 S_3 键后,用万用表测量下列点电压值,完成表 3 - 16。

表 3 – 16　数据记录表四

	IC$_1$									IC$_2$		Q$_1$		Q$_2$		Q$_3$		Q$_4$	
	1	2	3	4	5	6	7	8	9	6	8	B	E	B	E	B	E	B	E
电压																			
逻辑																			

（5）按下 K$_1$ 键后，按下 S$_4$ 键后，用万用表测量下列点电压值，完成表 3 – 17。

表 3 – 17　数据记录表五

	IC$_1$									IC$_2$		Q$_1$		Q$_2$		Q$_3$		Q$_4$	
	1	2	3	4	5	6	7	8	9	6	8	B	E	B	E	B	E	B	E
电压																			
逻辑																			

3.4　考核评价

四路抢答器的制作评价标准见表 3 – 18。

表 3 – 18　四路抢答器的制作评价标准

考核项目	评分点	分值	评分标准	得分
四路抢答器的制作	电路识图	5	能正确理解电路的工作原理，否则视情况扣 1~5 分	
	电路板制作	30	按电路原理图制作出电路板，要求设计合理、美观，每错一处扣 1 分，扣完为止	
	元件质量判定	15	正确识别元件，每错一处扣 1 分，扣完为止	
	电路焊接	20	元器件引脚成型符合要求，元器件装配到位，装配高度、装配形式符合要求；外壳及紧固件装配到位，不松动、不压线。不合要求每处扣 1 分	
	电路调试	15	正确使用仪器仪表；写出数据测试和分析报告。不能正确使用仪表测量每次扣 3 分，数据测试错误每次扣 2 分，分析报告不完整或错误视情况扣 1~5 分，扣完为止	
	电路检修	15	通电工作正常，如有故障应进行排除，不能排除视情况扣 3~15 分	
小计		100		

考核项目	评分点	分值	评分标准	得分
职业素养与操作考核	学习态度	20	不参与团队讨论，不完成团队布置的任务，抄袭作业或作品，发现一次扣 2 分，扣完为止	
	学习纪律	20	每缺课 1 次扣 5 分；每迟到 1 次扣 2 分；上课玩手机、玩游戏、睡觉，发现一次扣 2 分，扣完为止	
	团队精神	20	不服从团队的安排；与团队成员间发生与学习无关的争吵；发现团队成员做得不好或不到位或不会的地方不指出、不帮助；团队或团队成员弄虚作假，每发现一次，此项计 0 分；其他项，每发现一次扣 2.5 分，扣完为止	
	操作规范	20	操作过程不符合安全操作规程；仪器设备的使用不符合相关操作规程；工具摆放不规范；物料、器件摆放不规范；工作台位台面不清洁、不按规定要求摆放物品；任务完成后不整理、清理工作台；任务完成后不按要求清扫场地内卫生；发现一项扣 2 分，扣完为止。如出现触电、火灾、人身伤害、设备损坏等安全事故，此项记 0 分	
	行为举止	20	着装不符合规定要求；随地乱吐、乱涂、乱扔垃圾（食品袋、废纸、纸巾、饮料瓶）等；在非吸烟区吸烟；语言不文明，讲脏话；每项扣 1 ~ 5 分，扣完为止	
小计		100		

建议：1. 本项目的技能考核、职业素养与操作规范考核按 10% 比例折算计入总分；2. 理论考核根据全学期训练项目对应的理论知识在期末进行考核，本项目内容占理论试卷的 20%，按 10% 折算计入总分。

3.5　拓展提高

四路抢答器的制作

四路抢答器电路如图 3 – 16 所示。请根据原理图及所学知识分析电路工作原理，查阅相关资料列出所需元器件清单，自行采购相应器件，参考实物布局，用万能板进行设计、组装、调试，项目完成后，撰写制作心得体会。

(a)四路抢答器电路实物

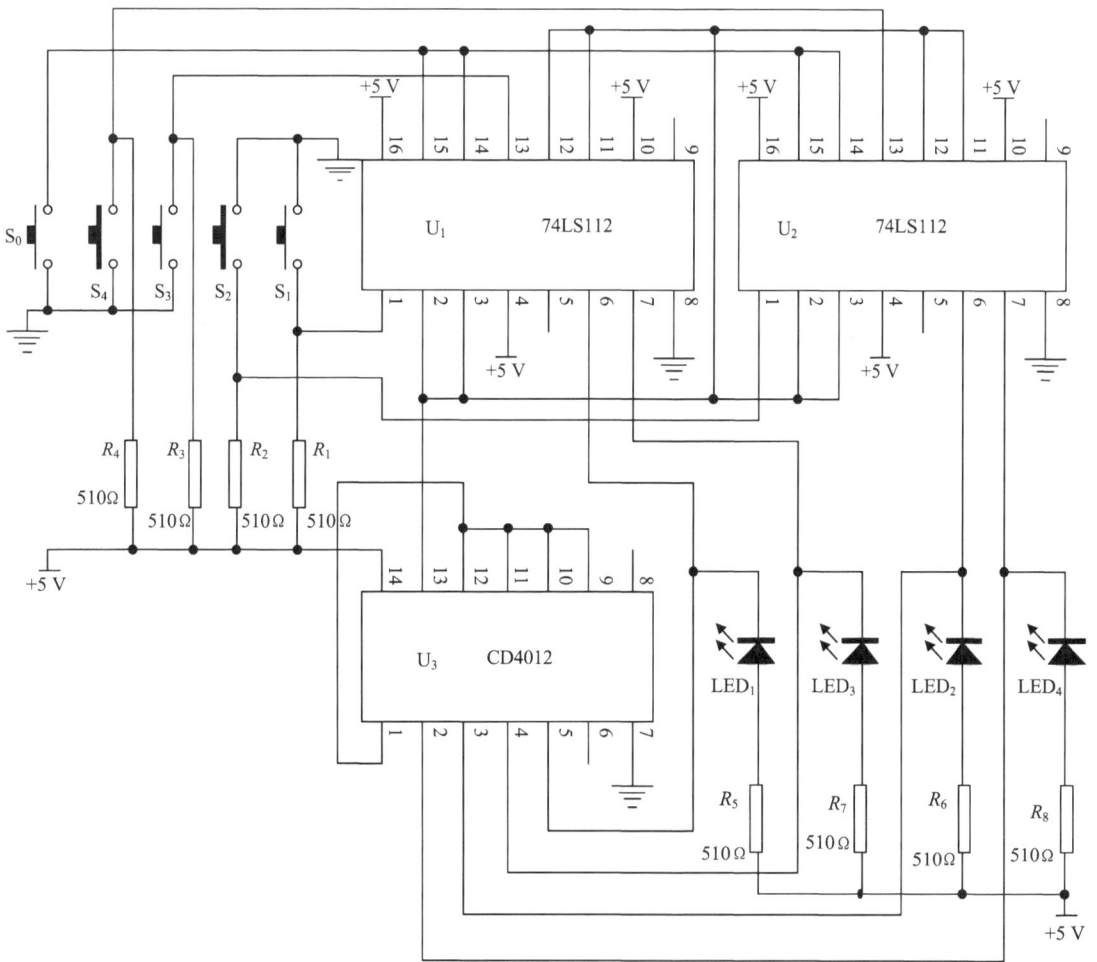

(b)四路抢答器电路原理图

图 3-16　四路抢答器

3.6 同步练习

3.6.1 填空题

1. 触发器是构成_____电路的基本单元,触发器具有_____个稳定状态,在输入信号消失后,它能保持_____不变,具有_____1 位二进制信息的功能。

2. 基本 RS 触发器具有_____、_____和_____的功能。

3. 同步 RS 触发器是在基本 RS 触发器的基础上,增加两个_____构成的控制电路。同步 RS 触发器状态的改变是与_____信号同步的。

4. 如图 3 – 17 所示,若触发器原态为 $Q=1$, $\overline{Q}=0$,则当 $\overline{R}=\overline{S}=1$ 时,触发器的状态是_____;当 $\overline{R}=0$, $\overline{S}=1$ 时,触发器的状态为_____。

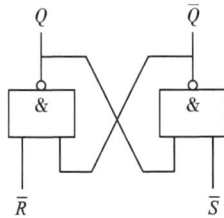

图 3 – 17

5. 触发器电路中, $\overline{R}_D$、$\overline{S}_D$ 端可以根据需要预先将触发器_____或_____,而不受_____的同步控制。

6. 下降沿 JK 触发器的 $J=1$, $K=0$,在 CP 的下降沿时,触发器被置_____。

7. JK 触发器提供了_____、_____、_____、_____四种功能。

8. TTL 集成 JK 触发器正常工作时,它的 $\overline{R}_D$ 和 $\overline{S}_D$ 端应接_____电平。

9. D 触发器的逻辑功能是_____和_____。

10. 集成 D 触发器正常工作时,其 $\overline{R}_D$ 和 $\overline{S}_D$ 端应该接_____电平。

3.6.2 选择题

1. 基本 RS 触发器电路中,触发脉冲消失后,其输出状态( )。
A. 恢复原状态 B. 保持现状态
C. 0 状态 D. 1 状态

2. 同步 RS 触发器在 $CP=0$ 期间, $R=S=1$ 时,触发器状态( )。
A. 置 0 B. 置 1
C. 保持 D. 翻转

3. 由与非门构成的基本 RS 触发器,欲使该触发器保持原状态,则输入信号应为( )。
A. $\overline{R}=\overline{S}=0$ B. $\overline{R}=\overline{S}=1$

C. $\bar{R}=0$，$\bar{S}=1$　　　　　　　　D. $\bar{R}=1$，$\bar{S}=0$

4. 基本 RS 触发器的两个输入端应避免(　　)。

A. $\bar{R}$、$\bar{S}$ 同时被置 1　　　　　　B. $\bar{R}$、$\bar{S}$ 同时被置 0

C. $\bar{R}$ 端置 1，$\bar{S}$ 端置 0　　　　D. $\bar{R}$ 端置 0，$\bar{S}$ 端置 1

5. JK 触发器的逻辑功能是(　　)。

A. 置 0，置 1，保持　　　　　　　B. 置 0，置 1，保持，翻转

C. 保持，翻转　　　　　　　　　　D. 置 0，置 1

6. 对于 JK 触发器，输入 $J=0$，$K=1$，CP 脉冲作用后，触发器状态应为(　　)。

A. 0　　　　　　　　　　　　　　　B. 1

C. 0、1 均可　　　　　　　　　　　D. 状态不确定

7. 若将 JK 触发器置成 1 状态，需要在 J、K 控制输入端加的信号是(　　)。

A. $J=1$，$K=1$　　　　　　　　　B. $J=0$，$K=0$

C. $J=0$，$K=1$　　　　　　　　　D. $J=1$，$K=0$

8. 常用集成边沿触发器 74LS112 的触发脉冲(　　)。

A. 在 CP 上升沿触发　　　　　　B. 在 CP 下降沿触发

C. 在 $CP=1$ 的稳态下触发　　　　D. 与 CP 无关

9. 图 3-18 所示的集成边沿触发的 D 触发器的翻转时刻是在 CP 脉冲的(　　)。

A. 上升沿　　　　　　　　　　　　C. 下降沿

C. 高电平　　　　　　　　　　　　D. 低电平

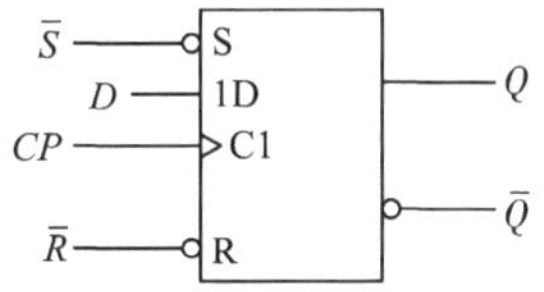

图 3-18

10. 当集成 D 触发器的置 0 端 $\bar{R}_\mathrm{D}=0$，置 1 端 $\bar{S}_\mathrm{D}=1$ 时，则触发器的次态为 0，其工作状态应选择下列选项中的(　　)。

A. 与 CP 和 D 有关　　　　　　B. 与 CP 和 D 无关

C. 只与 CP 有关　　　　　　　　D. 只与 D 有关

11. 为实现将 JK 触发器转换为 D 触发器，应使(　　)。

A. $J=D$，$K=\bar{D}$　　　　　　　B. $K=D$，$J=\bar{D}$

C. $J=K=D$　　　　　　　　　　　D. $J=K=\bar{D}$

3.6.3　综合题

1. 列出图 3-19 所示电路的真值表，见表 3-19。

表 3 – 19

输入信号		原态	输出状态	
R	S	Q^n	Q^{n+1}	$\overline{Q}^{n+1}$
1	0	0		
		1		
0	1	0		
		1		
1	1	0		
		1		
0	0	0		
		1		

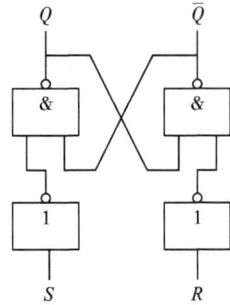

图 3 – 19

2. 分析图 3 – 20 所示的同步 RS 触发器的工作原理。

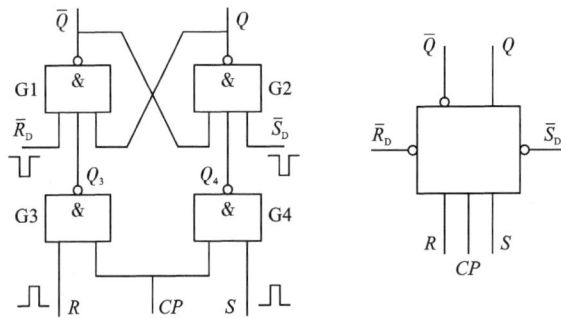

图 3 – 20

3. 基本 RS 触发器初始时处于 0 态, 输入波形如图 3 – 21 所示, 试画出输出 Q 的波形。

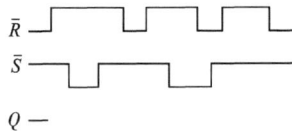

图 3 – 21

4. 同步 RS 触发器初始时处于 0 态, 请根据图 3 – 22 所示的时钟脉冲 CP 和输入信号 S、R 的波形, 画出输出 Q 的波形。

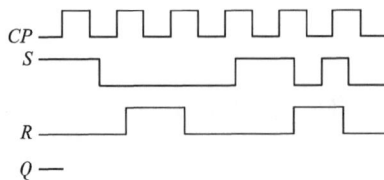

图 3 – 22

5. 在图 3-23 所示电路中,各触发器初态均为 0,试画出在 CP 信号作用下,各触发器输出端的波形。能用作二分频的电路是哪几个?

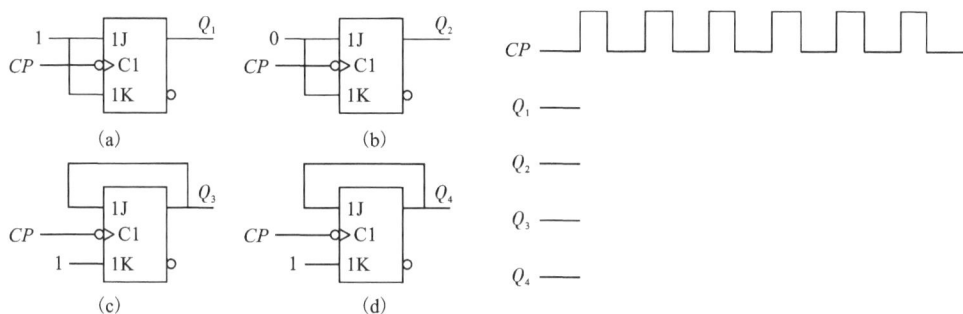

图 3-23

6. 74LS112 芯片为双 JK 触发器,其输入端波形如图 3-24 所示。

(1)这种触发器是上升沿触发还是下降沿触发?

(2)设触发器初态为 0,请画出输出端 Q 和 $\bar{Q}$ 端的相应波形。

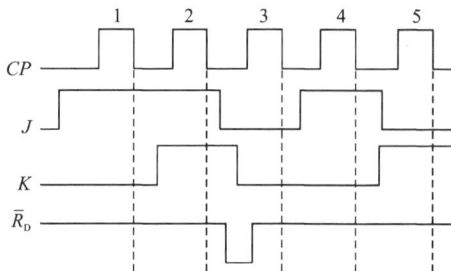

图 3-24

7. 在图 3-25 所示电路中,试画出在 CP 作用下,各触发器的输出波形(各触发器的初态为 0)。

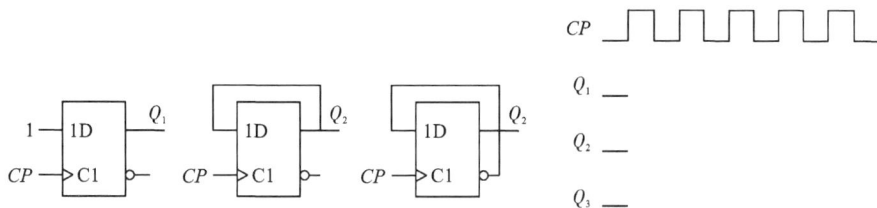

图 3-25

8. 74LS74 D 触发器的输入信号波形如图 3 – 26 所示。

(1) CP 是什么状态时, Q 的状态随 D 变化?

(2) 设 D 触发器的初态为 0, 画出 Q 端的输出波形。

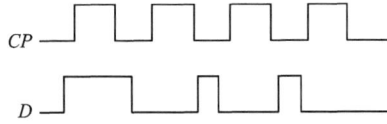

图 3 – 26

9. 如图 3 – 27(a) 所示电路, 设触发器的初态为 0, 已知 CP、A、B 端的输入波形如图 3 – 27(b) 所示, 画出 Q 端的波形图。

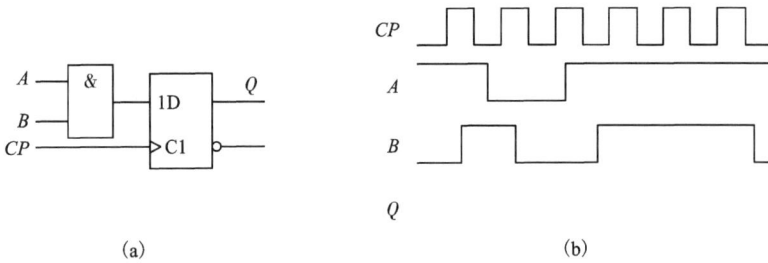

(a)　　　　　　　　　　　　　　　　(b)

图 3 – 27

项目 4　触摸门铃的制作

4.1　项目描述

　　本项目介绍的触摸门铃，采用触摸方式代替机械开关，简单可靠，实用有趣，当来访客人触摸金属感应片时，门铃发出"蜂鸣"声，提醒主人有客来访。

图 4-1　触摸门铃

　　通过本项目的学习与实践，可以让读者获得如下知识和技能：

　　(1)了解多谐振荡器、单稳态触发器、施密特触发器的组成，掌握其工作特点和基本功能；

　　(2)了解典型集成单稳态触发器、集成施密特触发器的引脚功能及基本应用；

　　(3)了解 555 时基电路的框图和引脚功能，掌握 555 时基电路的逻辑功能；

　　(4)会使用 555 时基电路搭接多谐振荡器、单稳态触发器和施密特触发器；

　　(5)会制作和调试 555 构成的典型应用电路。

4.2　知识准备

　　要完成以上要求的触摸门铃的制作，需要具备以下一些相关的知识和技能，下面分别进行阐述。

4.2.1 多谐振荡器

多谐振荡器是一种自激振荡电路，不需要外加触发信号。多谐振荡器有两个暂稳态，没有稳态，工作过程中在两个暂稳态之间按照一定的周期周而复始地依次翻转，从而产生连续的、周期性的脉冲波形。

4.2.1.1 非门电路组成的多谐振荡器

1. 电路组成

图 4 - 2 所示电路为非门电路组成的典型对称式多谐振荡器。它由两个非门 G1、G2 和外接电阻 R_1、R_2 及电容 C_1、C_2 组成。一般有 $R_1 = R_2 = R$，$C_1 = C_2 = C$。

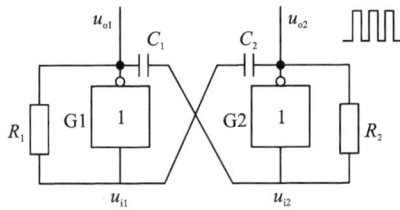

图 4 - 2 非门组成的对称式多谐振荡器

2. 工作原理

接通电源后，由于左右两部分电路总是存在差异，假设门 G2 的输出 u_{o2} 高一些，通过 C_2 的耦合使 u_{i1} 信号增强，经过 G1 的作用，将使 u_{o1} 下降。由于电容两端电压不能突变，u_{o1} 的下降就会通过 C_1 传递给 G2，使 u_{i2} 也下降，再经 G2 的作用，使 u_{o2} 得到进一步升高。这是一个正反馈过程：

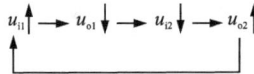

$$u_{i1}\uparrow \longrightarrow u_{o1}\downarrow \longrightarrow u_{i2}\downarrow \longrightarrow u_{o2}\uparrow$$

从而迅速使得 u_{o1} 迅速跳变为低电平，即为 0 态，u_{o2} 跳变为高电平，即为 1 态，电路进入第一个暂稳态。

由于电容 C_1、C_2 的充放电，这一状态不能稳定地维持，如果我们把电容和非门输入端相连的一极的电位升高，称为充电；电容的另一端电位的升高，称为放电。那么在这个第一暂态期间，门 G2 输出的高电平 u_{o2} 将通过 R_2 对 C_1 充电，而 C_2 通过 R_1 进行放电。C_1、C_2 充放电路径如图 4 - 3 所示。

这个暂稳态也不会维持多久。随着 C_1 的充电，u_{i2} 逐渐上升；同时，C_2 的放电，会使 u_{i1} 下降。当 u_{i2} 升高到 G2 的阈值电压 V_{TH} 时，u_{o2} 开始下降，并引起一个正反馈过程：

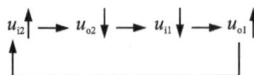

$$u_{i2}\uparrow \longrightarrow u_{o2}\downarrow \longrightarrow u_{i1}\downarrow \longrightarrow u_{o1}\uparrow$$

使得 u_{o2} 迅速跳变为低电平，u_{o1} 跳变为高电平，电路转入第二个暂稳态。

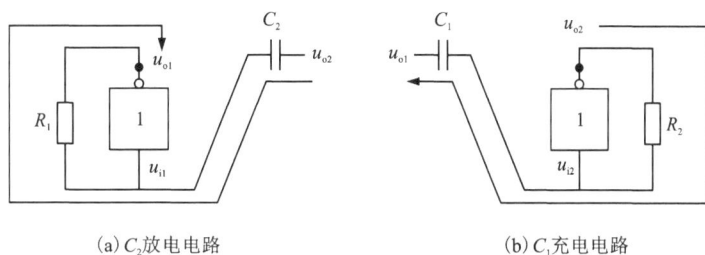

(a) C_2放电电路　　　　　　　　(b) C_1充电电路

图 4 – 3　C_1、C_2充放电回路

第二个暂稳态同样不会维持多久。随着 C_2 经 R_1 的充电，u_{i1} 逐渐上升，C_1 经 R_2 放电，u_{i2} 逐渐下降，当 u_{i1} 升高到 G1 的阈值电压 V_{TH} 时，电路又会迅速返回到第一个暂稳态。由此电路不停地在两个暂稳态之间振荡，输出矩形脉冲电压波形如图 4 – 4 所示。

3. 振荡周期的估算

RC 的参数决定多谐振荡器的振荡频率和脉冲宽度。周期可由下式估算

$$T = 1.4RC$$

在实际应用中，常通过调换电容 C 的容量来粗调振荡频率，通过改变电阻 R 的值来细调振荡频率，使电路的振荡频率达到要求。

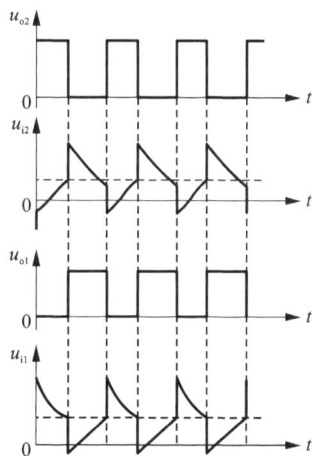

图 4 – 4　振荡电路中各点电压波形

4.2.1.2　石英晶体多谐振荡器

由非门电路和 RC 元件组成的多谐振荡器，振荡频率易受温度、元件性能、电源波动等因素的影响，只能使用在对振荡频率稳定性要求不高的场合。在对频率稳定性要求较高的数字电路中，都要求采用脉冲频率十分稳定的石英晶体多谐振荡器。

如图 4 – 5 所示，将石英晶体跨接在 G2 的输出端与 G1 的输入端之间。当信号频率与石英晶体固有的谐振频率 f_0 相等时，它的阻抗为 0，该信号容易通过，形成正反馈，产生振荡。而对于其他频率的信号，石英晶体呈现高阻抗，不能起振。因此，电路的振荡频率完全取决于石英晶体固有的串联谐振频率 f_0。

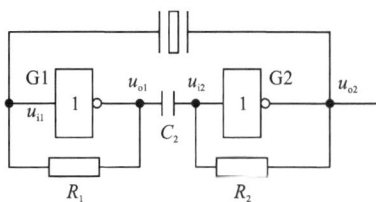

图 4 – 5　石英晶体多谐振荡器

4.2.2　做中学(一)

实验　非门组成的多谐振荡器的测试

(1)图 4 - 6 所示为用 74LS04 芯片接成的多谐振荡器。电阻 $R_1 = R_2 = 50$ kΩ，双联可调电容 $C = 1$ μF，$V_{CC} = 5$ V。注意，多余输入端接地，避免干扰。

(2)用双踪示波器测试，其有关开关的参考位置如下：

①显示方式：双踪。

②触发方式：自动、正极性触发。

③Y_1 通道输入灵敏度 V/div：置于 2 V。

④Y_2 通道输入灵敏度 V/div：置于 2 V。

⑤扫描时间 t/div：置于 20 ms。

⑥耦合方式：AC、DC 均可。

(3)检查接线无误后，接通电源，用双踪示波器可观察振荡波形 u_o，如图 4 - 7 所示。电路的输出在高、低电平之间不停地翻转，没有稳定的状态，故多谐振荡器又称为无稳态触发器。

(4)调节双联可调电容 C，观察振荡输出信号的幅度、周期、脉冲宽度，并记录在表 4 - 1 中。

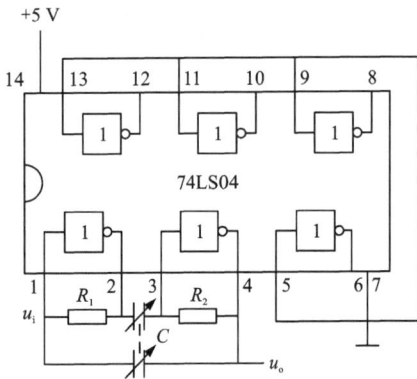

图 4 - 6　74LS04 接成的多谐振荡器

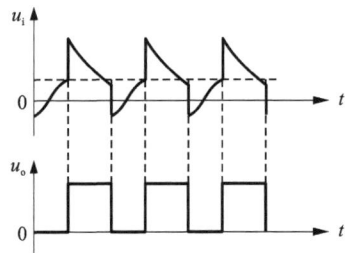

图 4 - 7　振荡波形

表 4 - 1　多谐振荡器的输出波形测试记录

测试项目	输出电压幅度	脉冲周期	脉冲宽度
测试条件	U_m/V	T/ms	t_w/ms
$C = 0.2$ μF			
$C = 1$ μF			

4.2.3　单稳态触发器

单稳态触发器是指有一个稳态和一个暂稳态的波形变换电路。比如,在延时灯电路中,当没有外界触发信号输入时,灯泡处于灭的状态;一旦有外界触发信号输入,灯泡会被点亮,但经过一段时间后,再自动熄灭。我们可将灯灭的状态看作成稳态,灯亮的状态看作成暂稳态。由此可知,单稳态触发器具有如下显著特点:

(1)它有一个稳态和暂稳态。若无外界触发脉冲时,电路始终处于稳态。

(2)在外界触发脉冲作用下,电路从稳态翻转到暂稳态,在暂稳态维持一段时间以后,又自动返回到稳态。

(3)暂稳态维持时间的长短,通常都是靠 RC 电路的充、放电过程来维持的,与触发脉冲的宽度和幅度无关。

单稳态触发器在数字电路中常用于脉冲整形、定时和延时。

4.2.3.1　微分型单稳态触发器

1. 电路组成

如图 4 - 8 所示的是由门组成的单稳态触发器。门 G1 的输出电压 u_{o1} 经过 RC 微分电路,耦合到门 G2 的输入端,故又称微分型单稳态电路。门 G2 的输出电压 u_o 直接送入门 G1 的输入端。u_i 为输入触发脉冲,高电平触发。

2. 工作原理

(1)电路的稳态。

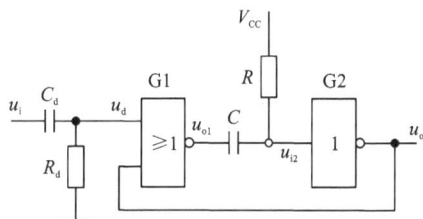

图 4 - 8　微分型单稳态触发器

无触发信号输入($u_i = 0$)时,输入端为低电平,电源 V_{CC} 通过 R 给 G2 输入端加上高电平,因此,u_o 为低电平,并加到 G1 的另一输入端,使 u_{o1} 输出为高电平。电容 C 两端电压接近 0,这是电路的稳态。在触发信号到来之前,电路一直保持这一稳态。

(2)电路的暂稳态。

外加正脉冲触发时,使 u_{o1} 输出由 1 变为 0,由于 C 两端电压不能突变,使 G2 输入 u_{i2} 由 1 变为 0,非门 G2 输出由 0 变为 1,触发器翻转到暂稳态。

(3)电路恢复稳态。

电容 C 充电,电路恢复到稳定状态。在暂稳态期间,或非门 G1 输出 u_{o1} 保持为低电平,V_{CC} 经 R 给 C 进行充电。随着充电的进行,电容两端电压上升,u_{i2} 上升到 G2 门的 V_{TH} 时(这一段时间为暂稳态时间),G2 输出由 1 变为 0,电路恢复到稳态。G1 输出由 0 变为 1,返回稳态后,C 将通过电阻 R 放电,放到 G1 输出的高电平与 V_{CC} 之差结束。电路进入稳态,等待下次触发。

根据以上的分析,画出电路中各点的电压波形如图 4 - 9 所示。

3. 输出脉冲宽度的估算

从上述分析和图 4 - 9 所示波形可知,输出脉冲宽度 t_w 就是暂稳态维持的时间,即:

$$t_w \approx 0.7RC$$

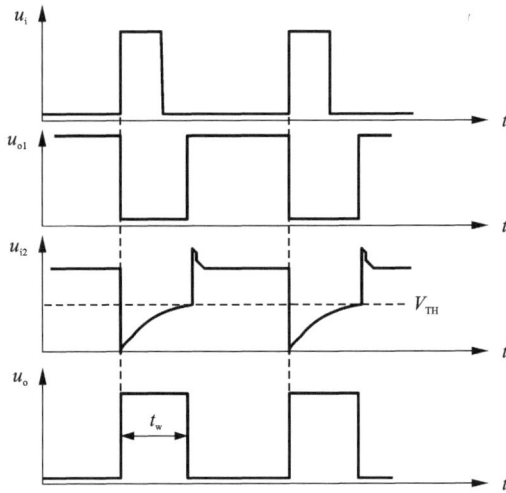

图 4 – 9　微分型单稳态触发器的工作波形

4.2.3.2　集成单稳态触发器

集成单稳态触发器有 TTL 和 CMOS 集成电路的产品,可用上升沿或下降沿触发,还具有置零和温度补偿等功能,工作稳定性能好,得到广泛应用。下面以 TTL 集成单稳态触发器 74LS121 为例进行说明。

1. 引脚图及各引脚的作用

TTL 集成单稳态触发器 74LS121 实物及引脚图如图 4 – 10 所示。图中 C_{EXT} 和 R_{EXT}/C_{EXT} 脚之间外接定时电容 C；若使用集成电路内部电阻,则 R_{INT} 端接电源 V_{CC}；若要提高脉冲宽度,可在 R_{EXT}/C_{EXT} 端与电源之间外接电阻 R,若外接可调电阻,脉冲宽度可调(也可接在 R_{INT} 与电源间)。74LS121 各引脚的作用如表 4 – 2 所示。

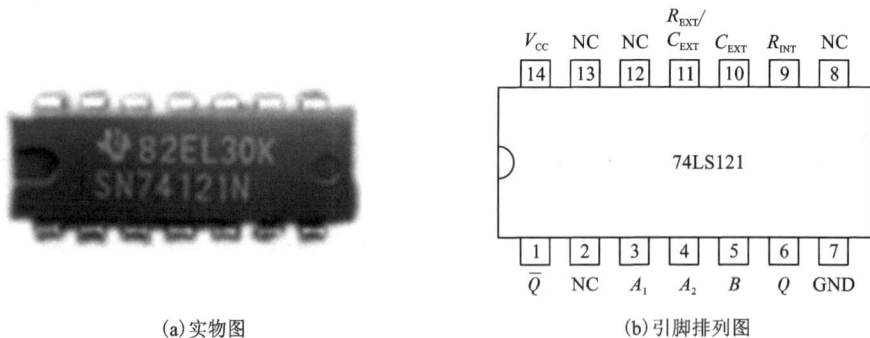

(a)实物图　　　　　　　　(b)引脚排列图

图 4 – 10　集成单稳态触发器 74LS121

表 4 - 2 74LS121 引脚作用

引脚名	作用
A_1、A_2	下降沿触发输入端
B	上升沿触发输入端
Q、$\overline{Q}$	输出端
R_{INT}	外接电源,内部接时间常数电阻(也可外接电阻)
C_{EXT}	外接电容端
R_{EXT}/C_{EXT}	与 C_{EXT} 端外接电容,也可再接电阻到电源实现 t_w 可调
V_{CC}	电源正极
GND	地(电源负极)
NC	空脚

2. 74LS121 的逻辑功能

74LS121 的逻辑功能如表 4 - 3 所示。

表 4 - 3 74LS121 逻辑功能表

输入			输出		说明
A_1	A_2	B	Q	$\overline{Q}$	
0	×	1	0	1	稳态
×	0	1	0	1	
×	×	0	0	1	
1	1	×	0	1	
1	↓	1	⊓	⊔	暂稳态
↓	1	1	⊓	⊔	
↓	↓	1	⊓	⊔	
0	×	↑	⊓	⊔	
×	0	↑	⊓	⊔	

功能说明:↑表示上升沿触发,↓表示下降沿触发,×表示信号状态任意;表中后五行表示加了触发电压,电路翻转为暂稳态。暂稳态时间的长短,即输出脉冲宽度 t_w 由定时元件 R、C 决定。

4.2.4 做中学(二)

实验 74LS121功能测试

(1)图4-11所示为用74LS121接成的单稳态触发器,$R_1 = 100$ kΩ,$C = 10$ μF,$R_2 = 1$ kΩ,$V_{DD} = 5$ V。

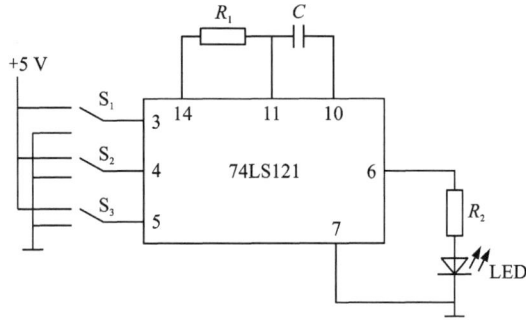

图4-11 单稳态触发器74LS121功能测试

(2)按下列要求按动S_1、S_2、S_3,观察输出端发光二极管亮灭情况,将结果记入表4-4中。

表4-4 单稳态触发器74LS121功能测试表

操作	输入			输出		说明
	3脚A_1	4脚A_2	5脚B	发光二极管	6脚Q	
S_1扳向下,S_3扳向上	0	×	1			
S_2扳向下,S_3扳向上	×	0	1			
S_3扳向下	×	×	0			
S_1、S_2都扳向上	1	1	×			
先将S_1、S_3扳向上,再将S_2由上扳向下	1	↓	1			
先将S_2、S_3扳向上,再将S_1由上扳向下	↓	1	1			
先将S_3扳向上,再将S_1、S_2由上扳向下	↓	↓	1			
先将S_1扳向下,再将S_3由下扳向上	0	×	↑			
先将S_2扳向下,再将S_3由下扳向上	×	0	↑			

4.2.5 施密特触发器

施密特触发器是脉冲波形变换中经常使用的一种电路,利用它可以将正弦波、三角波以及其他一些周期性的脉冲波形变换成边沿陡峭的矩形波。另外,它还可以用作脉冲幅度鉴别等。

4.2.5.1　用与非门电路组成的施密特触发器

1. 电路组成

用与非门构成的施密特触发器如图 4 – 12(a)所示，它由三个与非门 G1、G2、G3 和一个二极管 VD 组成。其中 G1、G2 构成基本 RS 触发器，二极管 VD 起到电平转移作用，用来产生回差电压。图 4 – 12(b)所示为它的逻辑符号。

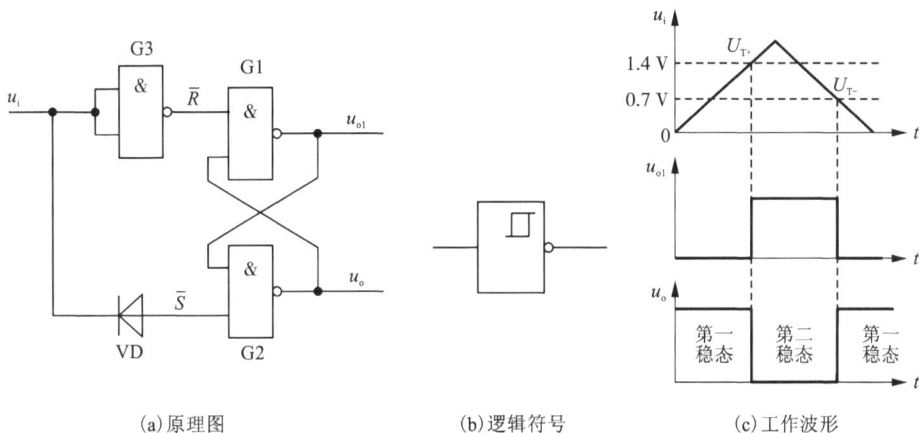

(a)原理图　　　　　　(b)逻辑符号　　　　　　(c)工作波形

图 4 – 12　与非门施密特触发器

2. 工作原理

假设输入信号 u_i 为三角波，与非门的开门电平为 1.4 V，二极管的导通电压 U_D 为 0.7 V，下面结合图 4 – 12(c)进行讨论：

(1)当输入电压 $u_i = 0$ 时，$\overline{R} = 1$，$\overline{S} = 0$，电路输出 u_o 为高电平，这是施密特触发器的第一种稳定状态。

(2)u_i 逐步上升，只要 $u_i < 1.4$ V，尽管 $\overline{S}$ 端电位达到并超过门 G2 的阀值电压 U_{T+}（$U_{T+} = 1.4$ V），使 $\overline{S} = 1$，但 $u_i < 1.4$ V 为逻辑 0，门 G3 不翻转，$\overline{R}$ 端仍为高电平，即 $\overline{R} = 1$。故 RS 触发器不翻转，而维持在第一种稳态。

(3)当 u_i 继续上升到 $u_i = U_{T+}$（$U_{T+} = 1.4$ V）时，门 G3 翻转使 $\overline{R} = 0$，且 $\overline{S} = 1$，RS 触发器状态发生翻转，使电路输出 u_o 变为低电平。电路翻转后 u_i 再上升，电路状态保持不变，这是施密特触发器的第二种稳定状态。此时，u_i 值称为施密特触发器的上限触发电平。常用"U_{T+}"表示。

(4)当 u_i 上升到最大值而下降时，若 u_i 下降到 U_{T+}，门 G3 翻转，$\overline{R} = 1$。由于 $\overline{S}$ 端接二极管 VD 正极，所以它的电位仍高于 U_{T+}，$\overline{S} = 1$，故 RS 触发器不翻转，施密特触发器维持在第二种稳定状态。

(5)当 u_i 继续下降到 $u_i = U_{T-} = U_D(0.7$ V$)$ 时，$\overline{R} = 1$，$\overline{S} = 0$，RS 触发器状态发生翻转，u_o 为高电平，施密特触发器又进入第一种稳定状态。此时，u_i 值称为施密特触发器的下限触发电平，常用"U_{T-}"表示。

3. 回差特性

由上述分析可知,对于图 4 – 12 所示的施密特触发器,输入电平 u_i 上升到 U_{T+} 电平时,触发器状态发生翻转,输出由高电平变为低电平。输入电压回降到 U_{T+} 电平时,触发器却不翻转。待 u_i 继续下降至 U_{T-} 时,才翻转使输出由低电平变为高电平。这种现象被称为施密特触发器的回差特性。U_{T+} 与 U_{T-} 的差值 ΔU_T 称为回差电压或滞后电压,即

$$\Delta U_T = U_{T+} - U_{T-}$$

显然,图 4 – 12 所示的施密特触发器的回差电压为:

$$\Delta U_T = U_{T+} - U_{T-} = U_T - (U_T - U_D) = U_D = 0.7 \text{ V}$$

根据上限触发电平 U_{T+} 与下限触发电平 U_{T-} 定义,可以画出图 4 – 12 所示的施密特触发器的回差特性曲线,也称为电压传输特性曲线,如图 4 – 13 所示。实际应用时,可根据要求在电路上采取措施,增大或减小回差电压。

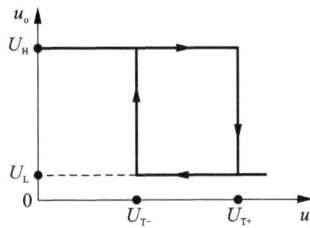

图 4 – 13　回差特性曲线

4.2.5.2　集成施密特触发器

集成施密特触发器产品中,国产 TTL 施密特触发器有六反相器,如 CT74LS14;国产 CMOS 施密特触发器有 CC4093 四 2 输入施密特与非门。图 4 – 14 为上述两种施密特触发器的引脚图。

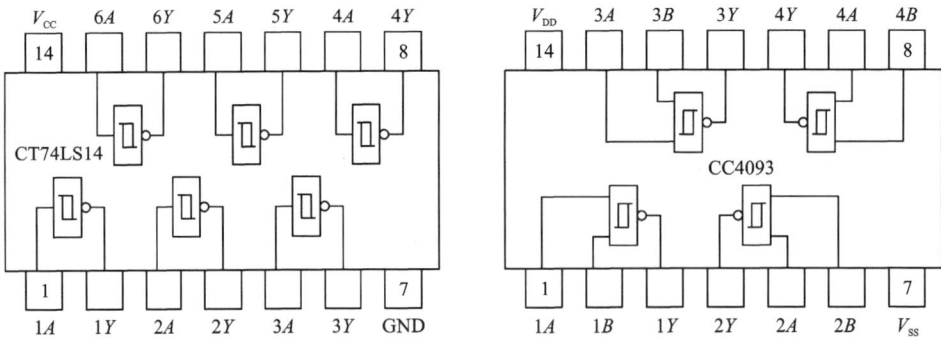

(a) CT74LS14　　　(b) CC4093

图 4 – 14　CT74LS14、CC4093 引脚图

4.2.5.3　施密特触发器的应用

1. 波形变换

施密特触发器可以把边沿变化缓慢的周期性信号变换为边沿变化很陡的矩形脉冲信号，如图 4 – 15 所示。

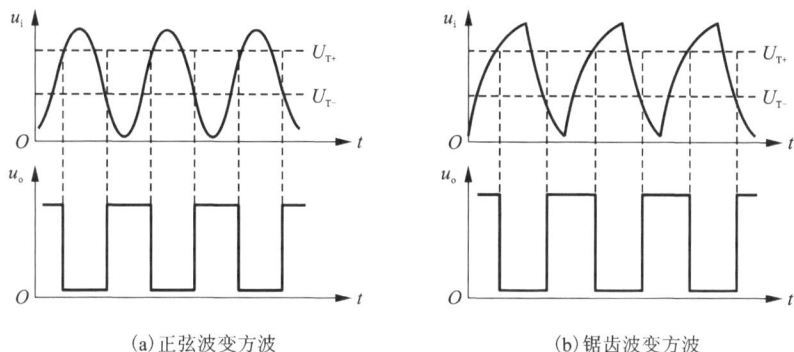

(a)正弦波变方波　　　　　　　　(b)锯齿波变方波

图 4 – 15　用施密特触发器实现波形变换

2. 脉冲整形

在数字系统中，矩形脉冲经传输后往往会发生波形畸变。如传输线上电容较大时，波形的上升沿和下降沿会明显变坏；当传输线较长，而且接收端的阻抗与传输线的阻抗不匹配时，在波形的上升沿和下降沿将产生振荡现象；当其他脉冲信号通过导线间的分布电容或公共电源线叠加到矩形脉冲信号上时，信号上将出现附加的噪声等，都可以利用施密特触发器信号波形进行整形，从而获得比较理想的矩形脉冲波形。由图 4 – 16 所示，只要施密特触发器的 U_{T+} 和 U_{T-} 设置得合适，均能收到满意的整形效果。

3. 脉冲幅度鉴别

当输入信号为一系列幅度不等的脉冲加到施密特触发器时，只有那些幅度大于 U_{T+} 的脉冲才会在输出端产生输出信号。因此，施密特触发器能将幅度大于 U_{T+} 的脉冲选出，具有脉冲鉴幅的能力，如图 4 – 17 所示。

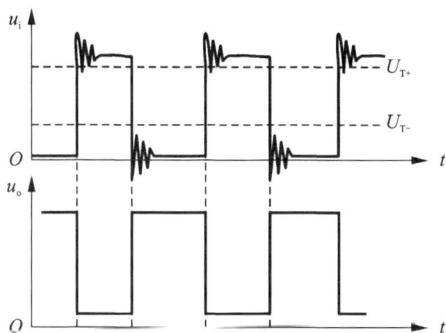

图 4 – 16　用施密特触发器实现脉冲整形

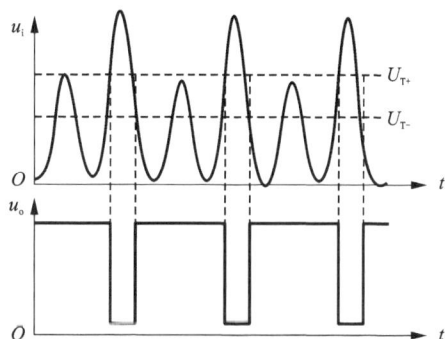

图 4 – 17　用施密特触发器鉴别脉冲幅度

4.2.6　555 定时器及应用

　　555 定时器是一种多用途的单片中规模集成电路。该电路使用灵活、方便，只需外接少量的阻容元件就可以构成单稳态触发器、多谐振荡器和施密特触发器。因而在波形的产生与变换、测量与控制、家用电器和电子玩具等许多领域中都得到了广泛的应用。

4.2.6.1　555 定时器

　　1. 电路组成

　　图 4-18(a) 所示是 555 定时器的内部结构图，由分压器(三个阻值为 5 kΩ 的电阻串联)、电压比较器(A_1、A_2)、基本 RS 触发器(G1、G2)和放电三极管 V 及缓冲器 G3 组成。

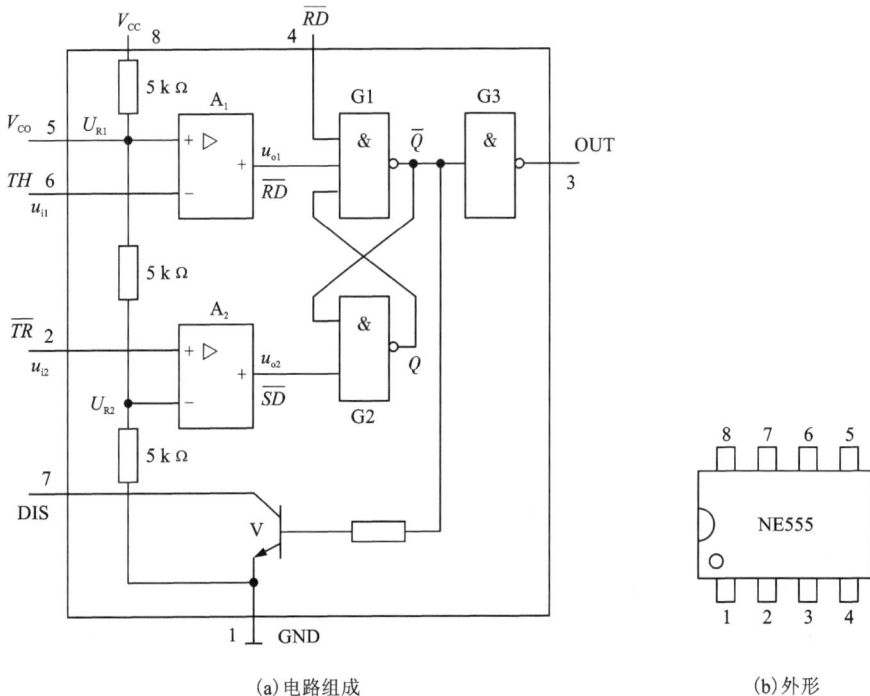

(a)电路组成　　　　　　　　(b)外形

图 4-18　555 定时器的电路组成

　　2. 工作原理

　　比较器 A_1 的同相端由分压电阻提供 $U_{R1} = \dfrac{2}{3} V_{CC}$ 作基准电压，反相端 TH 称阈值输入端。A_2 的反相端分压电阻提供 $U_{R2} = \dfrac{1}{3} V_{CC}$ 作基准电压，同相端 $\overline{TR}$ 端称触发输入端。V_{CO} 为控制端，用于外接 V_{CO} 改变内部分压器分压值。$\overline{RD}$ 端为置 0 端，$\overline{RD} = 0$ 时，输出端(OUT)输出电压 u_o 为低电平，正常工作时 $\overline{RD}$ 端必须为高电平。

　　设 TH 和 $\overline{TR}$ 端的输入电压分别为 u_{i1} 和 u_{i2}。555 定时器的工作过程如下：

　　当 $u_{i1} > U_{R1}$，$u_{i2} > U_{R2}$ 时，比较器 A_1 和 A_2 的输出 $u_{o1} = 0$，$u_{o2} = 1$，基本 RS 触发器被置 0，

即 $Q=0$，$\overline{Q}=1$，输出 $u_\text{o}=0$，同时 V 导通。

当 $u_{\text{i}1}<U_\text{R1}$，$u_{\text{i}2}<U_\text{R2}$ 时，比较器 A_1 和 A_2 的输出 $u_{\text{o}1}=1$，$u_{\text{o}2}=0$，基本 RS 触发器被置 1，即 $Q=1$，$\overline{Q}=0$，输出 $u_0=1$，同时 V 截止。

当 $u_{\text{i}1}<U_\text{R1}$，$u_{\text{i}2}>U_\text{R2}$ 时，比较器 A_1 和 A_2 的输出 $u_{\text{o}1}=1$，$u_{\text{o}2}=1$，基本 RS 触发器保持原状态不变。

综上所述，555 定时器的功能如表 4-5 所示。

表 4-5　555 定时器的功能表

输入			输出	
$\overline{RD}$	$TH(u_{\text{i}1})$	$\overline{TR}(u_{\text{i}2})$	u_o	V 状态
0	×	×	0	导通
1	$>\frac{2}{3}V_\text{CC}$	$>\frac{1}{3}V_\text{CC}$	0	导通
1	$<\frac{2}{3}V_\text{CC}$	$>\frac{1}{3}V_\text{CC}$	不变	不变
1	$<\frac{2}{3}V_\text{CC}$	$<\frac{1}{3}V_\text{CC}$	1	截止

4.2.6.2　555 定时器的应用

1. 用 555 定时器构成的多谐振荡器

（1）电路组成。

图 4-19(a) 所示是由 555 时基电路组成的一个典型多谐振荡器，外接的 R_1、R_2 和 C 为多谐振荡器的定时元件，第 2 脚 $\overline{TR}$ 端和第 6 脚 TH 连接在一起并对地外接电容 C，第 7 脚放电三极管 VT 的集电极接 R_1、R_2 的连接点。

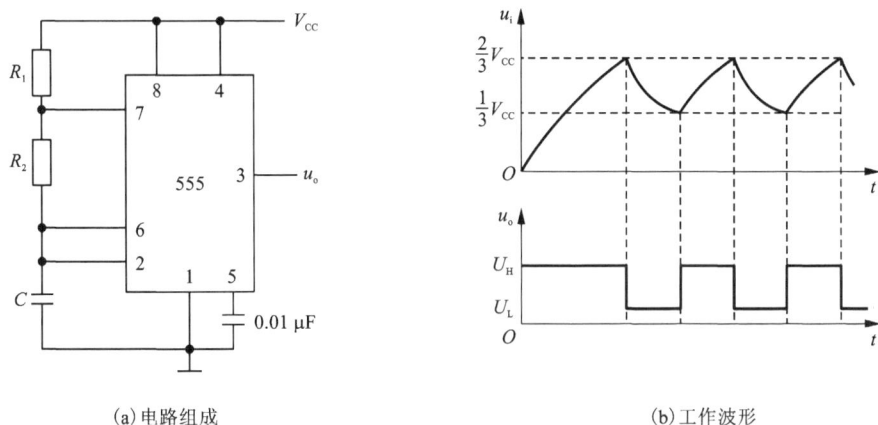

(a)电路组成　　　　　　　(b)工作波形

图 4-19　用 555 组成多谐振荡器

（2）工作过程。

设电路中电容两端的初始电压为 0，$U_C = U_{TH} = U_{TR} < \frac{1}{3}V_{CC}$，输出端为高电平，$u_o = V_{CC}$，放电三极管截止。电源 V_{CC} 对电容 C 充电，充电回路 $V_{CC} \rightarrow R_1 \rightarrow R_2 \rightarrow C \rightarrow$ 地，使 U_C 逐渐升高。当 $U_C < \frac{2}{3}V_{CC}$ 时，电路仍保持原态，输出为高电平。

随着电容充电，U_C 继续升高，当 $U_C > \frac{2}{3}V_{CC}$ 时，电路状态翻转，输出为低电平，$u_o = 0$。此时放电端导通，电容通过三极管 VT 放电，放电回路为 $C \rightarrow R_2 \rightarrow VT \rightarrow$ 地，使 U_C 逐渐下降。当 $U_C < \frac{1}{3}V_{CC}$ 时，电路状态翻转，输出为高电平，放电端断开，电容 C 又开始充电，重复上述过程形成振荡，输出电压为连续的矩形波，工作波形如图 4 – 19 所示。

（3）输出脉冲周期。

电容充电形成的第一暂态时间 $T_{W1} = 0.7(R_1 + R_2)C$

电容放电形成的第二暂态时间 $T_{W2} = 0.7R_2C$

所以，电路输出脉冲的周期 $T = T_{W1} + T_{W2} = 0.7(R_1 + 2R_2)C$

频率为

$$f = \frac{1}{T} = \frac{1}{0.7(R_1 + 2R_2)C}$$

2. 用 555 定时器构成的单稳态触发器

（1）电路构成。

将定时器 555 的触发输入端 2 脚 $\overline{TR}$ 作为触发信号 u_i 输入端，第 7 脚放电管 VT 的集电极与第 6 脚 TH 端相连，并接在 R、C 之接，便构成了单稳态触发器。电路如图 4 – 20（a）所示。

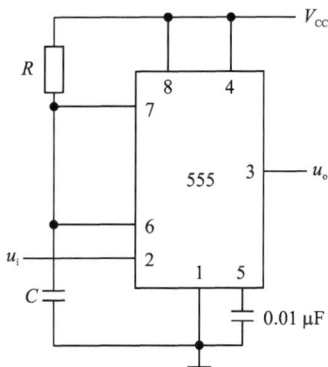
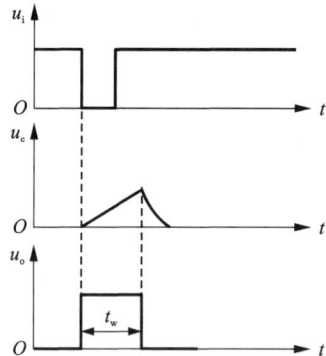

（a）电路组成　　　　　　　　　（b）工作波形

图 4 – 20　用 555 组成的单稳态触发器电路及波形图

（2）工作原理。

以图 4 – 20（b）中输入触发信号 u_i 为例，分析电路的工作原理。

稳定状态：

电路在接通电源后，V_{CC} 经 R 对电容 C 充电，u_c 电压升高，当上升到 $u_c \geqslant \frac{2}{3}V_{CC}$ 时，而 u_i 的负脉冲未到，$u_i > \frac{1}{3}V_{CC}$，定时器输出为低电平，$u_o = 0$，电路处于稳定状态。这时，放电三极管 VT 导通，电容 C 放电，$u_c = 0$，电路仍处于原稳定状态，输出为低电平。

触发进入暂稳态：

当输入 u_i 的负脉冲到来时，$u_i < \frac{1}{3}V_{CC}$ 低电平，电路状态翻转，输出 $u_o = 1$，进入暂稳态。这时，放电三极管 VT 截止，电源通过电阻 R 向电容 C 充电，u_c 电压上升。

自动返回稳定状态：

随着电容充电，当 u_c 上升到 $u_c \geqslant \frac{2}{3}V_{CC}$ 时（负触发脉冲已结束，$u_i > \frac{1}{3}V_{CC}$），电路输出低电平，$u_o = 0$，电路由暂稳态变为稳态，此时，放电三极管 VT 导通，电容 C 放电，使 $u_c = 0$，电路一直处于稳定状态，输出为低电平。

到下一个触发脉冲来到时，电路重复上述过程。

单稳态触发器的输出脉冲宽度 t_w 即为暂稳态维持的时间，它实际上为电容 C 上的电压 u_c 从 0 充到 $\frac{2}{3}V_{CC}$ 所需时间，可用下式进行估算：

$$t_w \approx 1.1RC$$

3. 用 555 定时器构成的施密特触发器

（1）电路组成。

将 555 定时器的 2 脚 TH 和 6 脚 $\overline{TR}$ 连在一起，作为输入信号，从 OUT 端输出 u_o，就构成了施密特触发器，电路如图 4 - 21 所示。

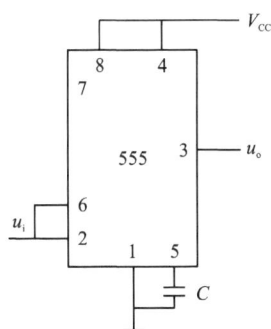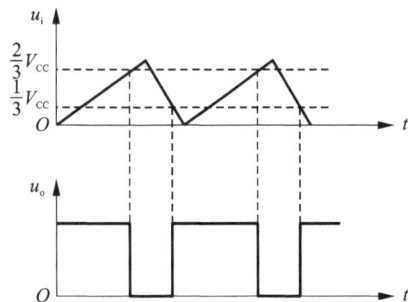

（a）电路组成　　　　　　　　　　　　　　（b）工作波形

图 4 - 21　用 555 构成的施密特触发器及其波形图

为了提高基准电压的稳定性，常在 V_{CO} 控制端对地接一个 0.01 μF 的滤波电容。

（2）工作原理。

为了分析方便，假设输入图 10 - 21（b）所示三角波信号。

当 $u_i < \dfrac{1}{3}V_{CC}$ 时，555 定时器输出为高电平，$u_o = 1$。

当 $\dfrac{1}{3}V_{CC} < u_i < \dfrac{2}{3}V_{CC}$ 时，定时器功能为保持，即 $u_o = 1$。

当 $u_i \geqslant \dfrac{2}{3}V_{CC}$ 时，电路翻转，定时器输出 $u_o = 0$。u_i 继续上升，电路保持原状态不变。

当 u_i 下降时，但在未降到 $\dfrac{1}{3}V_{CC}$ 以前，电路输出状态不变。

当 $u_i \leqslant \dfrac{1}{3}V_{CC}$ 时，输出 u_o 由低电平跳变到高电平。此后 u_i 下降到 0，然后再升高，但在未达到 $\dfrac{2}{3}V_{CC}$ 以前，电路输出状态不变。

4.3　任务实现

4.3.1　认识电路组成

该触摸门铃主要由触摸检测电路、单稳态触发器和多谐振荡器三部分组成。其电路组成方框图如图 4-22 所示。

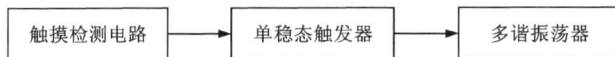

图 4-22　触摸门铃电路方框图

电路原理图如图 4-23 所示，触摸点和 C_6 组成触摸检测电路，IC$_1$（NE555）、$R_1 \sim R_5$、C_1、C_5 组成单稳态触发器，IC$_2$（NE555）、R_6、R_7、C_2、C_3 组成多谐振荡器，C_4 为输出耦合电容，BL$_1$ 为扬声器。

4.3.2　认识工作过程

电路通电后，触摸点作为触摸传感器来检测信号。当触摸点无人触摸时，单稳态触发器 IC$_1$ 的 2 脚经过电容 C_6 接至电源，将维持高电平，电路处于稳态，IC$_1$7 脚内放电三极管饱和导通，7 脚接地，C_1 未储能。IC$_1$ 的 3 脚输出低电平，送到多谐振荡器 IC$_2$ 的 4 脚复位端，振荡器将复位，IC$_2$ 的 3 脚输出低电平，扬声器 BL$_1$ 不发声。

当有人触摸触摸点时，会使 IC$_1$ 的 2 脚变为低电平，单稳态触发器电路 IC$_1$ 受触发而翻转，IC$_1$ 电路由稳态变为暂稳态，IC$_1$ 的 3 脚由低电平变为高电平，多谐振荡器 IC$_2$ 的复位解除，开始振荡工作，BL$_1$ 发出蜂鸣声，声音频率由 R_6、R_7、C_2 决定。与此同时，IC$_1$ 的 7 脚内放电三极管截止，V_{CC} 经 $R_1 \sim R_5$ 中任意一个给 C_1 充电，当 C_1 两端电压充到 $\dfrac{2}{3}V_{CC}$ 时，单稳态触发器结束暂稳态时间，恢复为稳态。一方面 IC$_1$ 的 3 脚由高电平变为低电平，多谐振荡器停振，BL$_1$ 停止发声，门铃又进入无声状态；另一方面 IC$_1$ 的 7 脚内放电三极管饱和导通，C_1 经 IC$_1$ 内

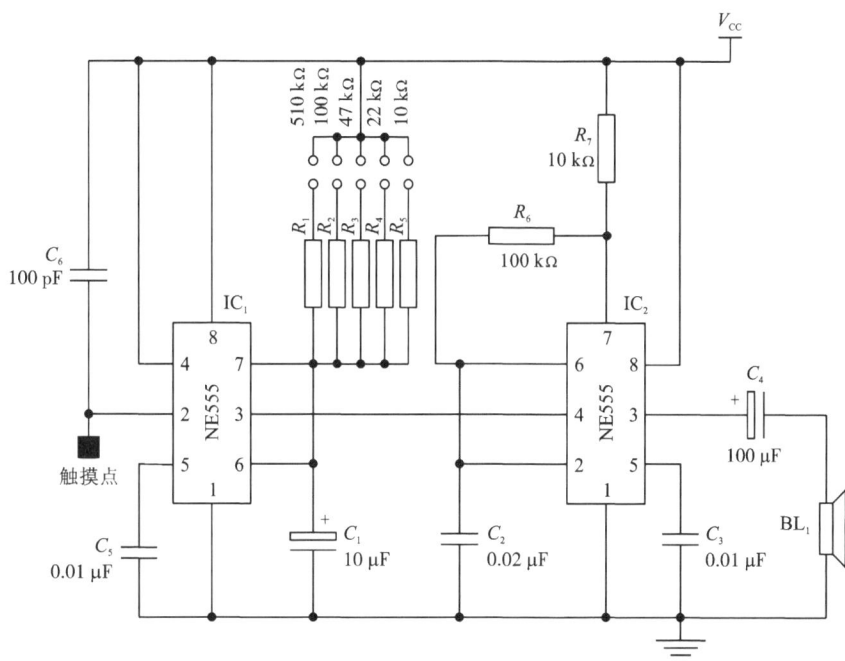

图 4 – 23　触摸门铃电路的原理图

放电管放电，放电电阻小，放电时间短，很快放完，为下次触发作准备。选择电阻 $R_1 \sim R_5$ 的大小，可改变单稳态触发器的暂稳态维持时间，从而实现门铃铃响时间长短的调节。

4.3.3　元器件的选用与检测

1. 元器件的选用

$R_1 \sim R_7$ 选用 1/4 W 金属膜电阻器或碳膜电阻器；C_1、C_4 均选用耐压值为 16 V 的电解电容器，C_2、C_3、C_5、C_6 选用瓷片电容；IC_1、IC_2 选用 NE555 时基集成电路。BL_1 选用 0.5 W、8 Ω 的电动式扬声器。元器件清单见表 4 – 6。

表 4 – 6　触摸门铃元器件清单

序号	类型	标号	参数	数量	质量检测	备注
1		R_1	510 kΩ	1	实测：	
2		R_2、R_6	100 kΩ	2	实测：	
3	电阻器	R_3	47 kΩ	1	实测：	
4		R_4	22 kΩ	1	实测：	
5		R_5、R_7	10 kΩ	2	实测：	

续表 4 - 6

序号	类型	标号	参数	数量	质量检测	备注
6	电解电容器	C_1	10 μF/16 V	1	实测:	
7		C_4	100 μF/16 V	1	实测:	
8	瓷片电容	C_3、C_5	0.01 μF	2	实测:	
9		C_2	0.02 μF	1	实测:	
10		C_6	100 pF	1	实测:	
序号	类型	标号	参数	数量	引脚图及质量检测	备注
11	集成电路	IC_1、IC_2	NE555	2		
12	扬声器	BL_1	0.5 W、8 Ω	1		

2. 元器件的检测

扬声器的检测:音圈引出线的接线端上标有"+""-"极性。将数字万用表置二极管挡,当两根表笔分别接触扬声器音圈引出线的两个接线端时,能听到明显的"咯咯"声响,表明音圈正常;声音越响,扬声器的灵敏度越高。将检测情况填入表 4 - 6。

其余元器件按照项目 1 和项目 2 的方法进行质量检测,检测后将测量情况填入表 4 - 6。

4.3.4　电路安装

1. 识读电路板

根据电路板实物,参考电路原理图清理电路,查看电路板是否有短路或开路的地方,熟悉各器件在电路板中的位置。触摸门铃的电路板如图 4 - 24 所示。

2. 安装原则

按照先小件后大件的顺序安装,即按电阻器、瓷片电容器、电解电容器、集成电路的顺序安装焊接。

3. 元器件安装

元器件安装参照项目 1 插件元器件安装方法进行。

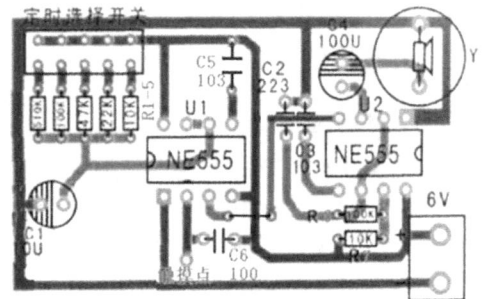

图 4 - 24　触摸门铃电路板图

4.3.5　电路调试与检测

1. 电路调试

(1)安装结束,检查焊点质量(重点检查是否有错焊、漏焊、虚假焊、短路)和器件安装正确(重点检查电解电容和集成电路)之后,方可通电。

(2)通电观察电路是否有异常现象(声响、冒烟),如有应立即停止通电,找明原因。

(3)未触摸时扬声器应无声音。

（4）有干扰时扬声器应发出蜂鸣声音。

（5）选择 $R_1 \sim R_5$ 可调节蜂鸣声音长短。

2. 电路检测

在无触摸和触摸两种情况下检测 NE555 的各脚电位，记录在表 4 - 7、表 4 - 8 中。特别关注 2 脚与 3 脚电位值的变化，并说明其变化规律。

表 4 - 7　NE555 集成电路各脚电压（无触摸）

检测点	1	2	3	4	5	6	7	8
IC_1								
IC_2								

表 4 - 8　NE555 集成电路各脚电压（触摸）

检测点	1	2	3	4	5	6	7	8
IC_1								
IC_2								

4.4　考核评价

触摸门铃的制作评价标准见表 4 - 9。

表 4 - 9　触摸门铃的制作评价标准

考核项目	评分点	分值	评分标准	得分
触摸门铃的制作	电路识图	5	能正确理解电路的工作原理，否则视情况扣 1 ~ 5 分	
	电路板制作	30	按电路原理图制作出电路板，要求设计合理、美观，每错一处扣 1 分，扣完为止	
	元件质量判定	15	正确识别元件，每错一处扣 1 分，扣完为止	
	电路焊接	20	元器件引脚成型符合要求，元器件装配到位；装配高度、装配形式符合要求；外壳及紧固件装配到位，不松动，不压线。不合要求每处扣 1 分	
	电路调试	15	正确使用仪器仪表；写出数据测试和分析报告。不能正确使用仪表测量每次扣 3 分，数据测试错误每次扣 2 分，分析报告不完整或错误视情况扣 1 ~ 5 分，扣完为止	
	电路检修	15	通电工作正常，如有故障应进行排除，不能排除视情况扣 3 ~ 15 分	
小计		100		

考核项目	评分点	分值	评分标准	得分
职业素养与操作考核	学习态度	20	不参与团队讨论，不完成团队布置的任务，抄袭作业或作品，发现一次扣2分，扣完为止	
	学习纪律	20	每缺课1次扣5分；每迟到1次扣2分；上课玩手机、玩游戏、睡觉，发现一次扣2分，扣完为止	
	团队精神	20	不服从团队的安排；与团队成员间发生与学习无关的争吵；发现团队成员做得不好或不到位或不会的地方不指出、不帮助；团队或团队成员弄虚作假，每发现一次，此项计0分；其他项，每发现一次扣2.5分，扣完为止	
	操作规范	20	操作过程不符合安全操作规程；仪器设备的使用不符合相关操作规程；工具摆放不规范；物料、器件摆放不规范；工作台位台面不清洁、不按规定要求摆放物品；任务完成后不整理、清理工作台；任务完成后不按要求清扫场地内卫生；发现一项扣2分，扣完为止。如出现触电、火灾、人身伤害、设备损坏等安全事故，此项记0分	
	行为举止	20	着装不符合规定要求；随地乱吐、乱涂、乱扔垃圾(食品袋、废纸、纸巾、饮料瓶)等；在非吸烟区吸烟；语言不文明，讲脏话；每项扣1-5分，扣完为止	
小计		100		

    建议：1. 本项目的技能考核、职业素养与操作规范考核按10%比例折算计入总分；2. 理论考核根据全学期训练项目对应的理论知识在期末进行考核，本项目内容占理论试卷的20%，按10%折算计入总分。

4.5 拓展提高

双路断线声光控防盗报警器

    双路断线声光控防盗报警器电路如图4-25所示。请根据原理图及所学知识分析电路工作原理，查阅相关资料列出所需元器件清单，自行采购相应器件，参考实物布局，用万能板进行设计、组装、调试，项目完成后，撰写制作心得体会。

(a)双路断线声光控防盗报警器实物

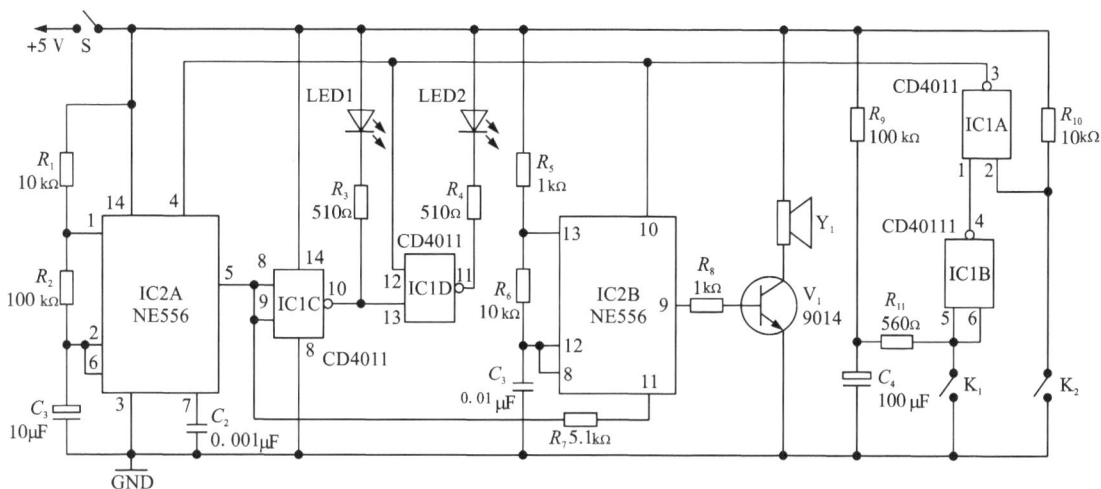

(b)双路断线声光控防盗报警器实物电路原理图

图 4 – 25　双路断线声光控防盗报警器

4.6　同步练习

4.6.1　填空题

1. 多谐振荡器常用于_____信号的发生电路,其中 R、C 为_____元件,调节 R 值可改变振荡的_____。若在电路中接入_____则可提高振荡_____的稳定度。

2. 集成单稳态触发器 74LS121 芯片内含_____单稳态触发器,A_1、A_2 和 B 为三个触发信号输入端,其中 A_1、A_2 是_____的触发输入端,B 是_____的触发信号输入端。

3. 施密特触发器两次触发电平的差值称为_____,这种特性称为_____。它的应用广泛,主要用于产生 _____、_____、_____,还可以用于_____等。

4. 通常把 TH 输入端电压在大于 $\frac{2}{3}V_{CC}$ 时作为 1 状态,在小于 $\frac{1}{3}V_{CC}$ 时作为 0 状态;而把 $\overline{TH}$ 输入端电压大于 $\frac{1}{3}V_{CC}$ 时作为 1 状态,小于 $\frac{1}{3}V_{CC}$ 时作为 0 状态。这样在 $\overline{R}=1$ 时,555 定时器输入 TH、$\overline{TR}$ 与输出 Q 的状态关系可归纳为:_____、_____、_____。

5. 555 定时器第 7 引脚放电端 DIS 输出逻辑状态与第_____引脚相同。当输出高电平时开关管 V _____;输出低电平时开关管 V _____。

4.6.2　选择题

1. 若要产生周期性的脉冲信号,应采用的电路是(　　)。

A. 无稳态电路   B. 单稳态电路   C. 双稳态电路

2. 施密特触发器从第一稳态翻转到第二稳态,然后再由第二稳态翻回到第一稳态,两次所需的触发电平(　　)。

A. 相等   B. 存在差值   C. 有时相等有时不相等

3. 改变施密特触发器的回差电压而输入电压保持不变,则触发器输出电压要变化的是(　　)。

A. 幅度   B. 频率   C. 脉冲宽度

4. RC 耦合的多谐振荡器中,R、C 元件除构成正反馈使电路产生振荡外,R、C 元件的另一个重要作用是决定电路的(　　)。

A. 振荡频率   B. 脉冲宽度   C. 振荡频率和脉冲宽度

4.6.3 综合题

1. 单稳态触发器的功能特点是什么?它有哪些用途?

2. 用集成单稳态触发器 74LS121 产生输出脉冲宽等于 3 ms 的脉冲信号,如果选择内接电阻 R_{INT},试问外接电容 C_{EXT} 应取何值。

3. 图 4-26 所示电路是用施密特触发器组成的单稳态电路,试简述其工作原理。

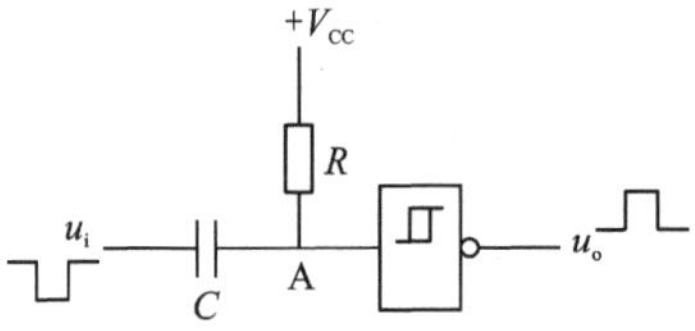

图 4-26

4. 如图 4-27 所示电路,其中电路参数:$R_1 = 33$ kΩ,$R_2 = 68$ kΩ,$C = 0.1$ μF。

(1)试画出 u_c 和 u_o 的电压波形。

(2)计算输出脉冲的周期。

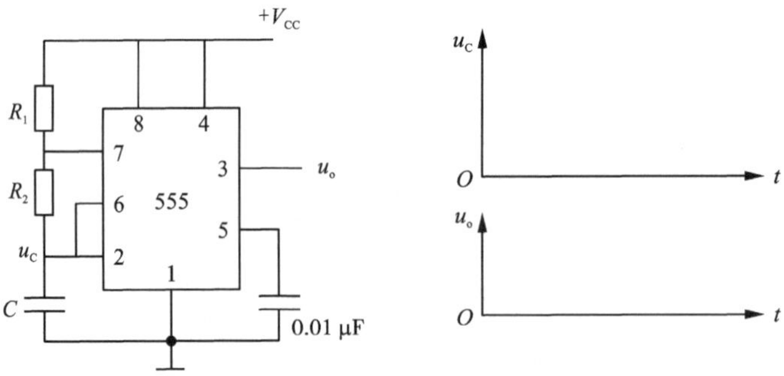

图 4-27

5. 如图 4-28 所示电路,其中电路参数:$R = 10$ kΩ,$C = 2.2$ μF。

(1)试画出 u_c 和 u_o 的电压波形。

(2)计算输出脉冲的宽度。

6. 如图 4-29 所示电路:

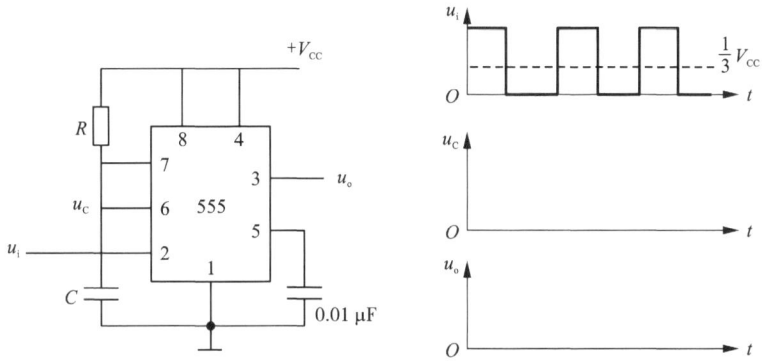

图 4 – 28

（1）已知输入信号 u_i 的波形，试画出输出 u_o 的波形。

（2）估算电路的 U_{T+}、U_{T-} 和 ΔU_T。

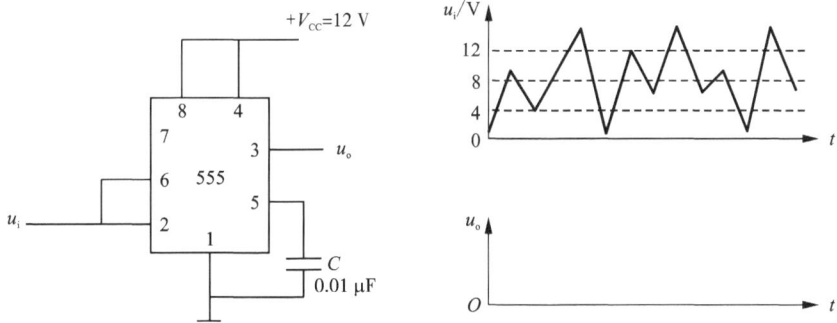

图 4 – 29

项目5　电子幸运转盘的制作

5.1　项目描述

　　本项目介绍的电子幸运转盘，可以让它来帮你决定一些你拿不定主意的事，比如去哪家餐馆吃午餐，去看哪部电影等。也可用作估号码游戏、电子骰子、抽奖机；还可作为彩灯欣赏。

图5-1　电子幸运转盘

通过本项目的学习与实践，可以让读者获得如下知识和技能：
(1)掌握时序逻辑电路的特点及分析方法；
(2)了解寄存器的功能、基本构成及常见类型；
(3)掌握典型集成移位寄存器的引脚功能及应用，会测试其逻辑功能；
(4)了解计数器的功能及计数器类型；
(5)掌握二进制、十进制典型集成计数器的引脚功能及应用，会测试其逻辑功能；
(6)会安装和调试由集成计数器构成的时序逻辑功能电路。

5.2　知识准备

要完成以上要求的电子幸运转盘的制作，需要具备以下一些相关的知识和技能，下面分别进行阐述。

5.2.1　时序逻辑电路的基本知识

按照逻辑功能和电路组成的不同，数字电路可以分成组合逻辑电路和时序逻辑电路两大类。组合逻辑电路在项目 2——数显逻辑笔的制作中我们已经学习了。组合逻辑电路的特点是任何时刻的输出状态直接由当时的输入状态所决定。时序逻辑电路与组合逻辑电路不同，它在任一时刻的输出，不仅取决于该时刻的输入，而且还与电路原来的状态有关。从电路的组成区分，组合逻辑电路不含任何具有存储功能的触发器，而时序逻辑电路则包含触发器。其实，项目 3——四路抢答器的制作中我们就开始接触了时序逻辑电路。触发器就是最简单的时序逻辑电路。

为进一步说明时序逻辑电路的特点，我们给出图 5-2(a) 所示的简单的时序逻辑电路，试分析在相同的输入信号作用下，仅仅初始状态不同，会有怎样的结果。

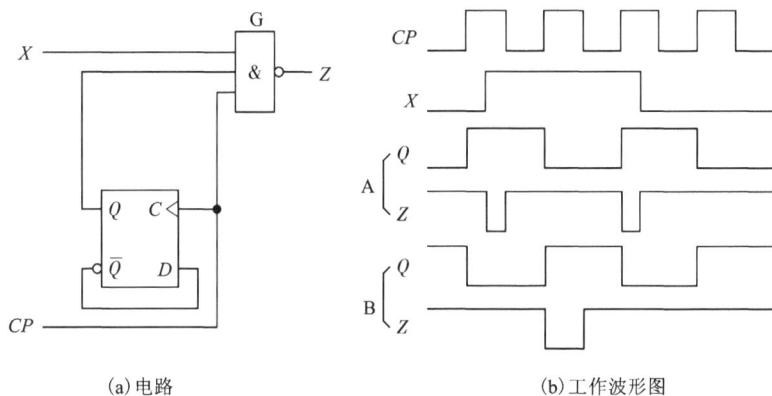

(a)电路　　　　　(b)工作波形图

图 5-2　简单时序逻辑电路

此电路可分成两部分。一是由与非门 G 构成的组合逻辑电路，这部分电路的输入信号有三个：二个外部输入的信号 X、CP，一个内部输入的信号 Q，而 Z 是它的输出信号，同时也是整个时序电路的输出。另一部分是由接成计数状态的 D 触发器构成的存储电路，CP 是其输入，Q 是它的内部输出。设输入信号 X、时钟脉冲 CP 的波形如图 5-2(b) 所示，这样可以画出 D 触发器初态为 0 时，对应输入信号 X、时钟脉冲 CP 的 Q 和输出 Z 的波形，如图 5-2 中 A 组所示；如果 D 触发器初态为 1，则可以画出相应的 B 组波形图。对比 A、B 组输出 Z 的波形，二者是完全不同的。

从上述的一例可以说明，时序逻辑电路的输出不仅仅与当时的输入信号有关，而且还与存储电路的初始状态有关。

图 5-3 所示的是时序逻辑电路的方框原理图。从图中可见，它分为两大块：一是组合逻

辑电路(如本例的与非门 G);另一是存储电路(如本例中的 D 触发器)。对组合电路的分析方法,在分析时序电路时仍然适用。但是,存储电路的状态对输出的影响,必须加以考虑。

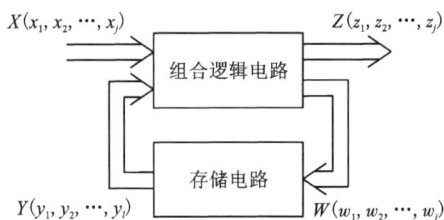

图 5-3　时序逻辑电路框图

5.2.2　寄存器

寄存器是一种重要的数字逻辑部件,广泛应用于数字电路系统,特别是计算机中。它由触发器组成,具有接收、暂存、传递数码、指令等功能。一个触发器有两种稳态,可以存储一位二进制数码,因此 n 位数码寄存器应由 n 个触发器组成。凡具有置 0 和置 1 两种功能的触发器都可作为寄存器使用。当然,许多寄存器还需加上由门电路构成的控制电路,以保证信号的接收和清除。

5.2.2.1　数码寄存器

数码寄存器是简单的寄存器,只具有接收、暂存数码和清除原有数码的功能。图 5-4 所示的是用 D 触发器组成的四位数码寄存器。四个触发器的时钟脉冲输入端连接在一起,作为接收数码的控制端。$D_0 \sim D_3$ 为寄存器的数码输入端,$Q_0 \sim Q_3$ 是数据输出端。各触发器的复位端(直接置 0 端)连接在一起,作为寄存器的总清零端 $\overline{CR}$,低电平有效。

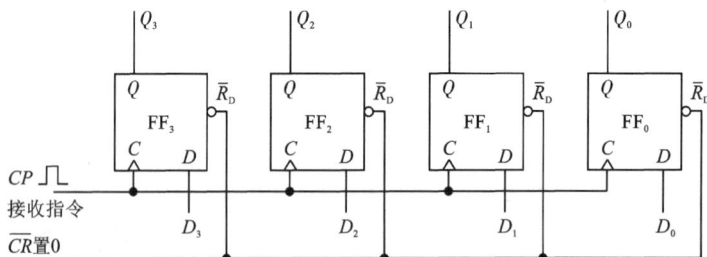

图 5-4　数码寄存器

数码寄存器工作过程如下:

寄存数码前,寄存器应清零。输入 $\overline{CR}=0$,寄存器清除原有数码,$Q_0 \sim Q_3$ 均为 0 态。

寄存数码时,使 $\overline{CR}=1$,若存入的数码是 1010,则寄存器的输入 $D_3D_2D_1D_0$ 对应输入端为 1010。由于 D 触发器的逻辑功能 $Q^{n+1}=D$,因此,当接收指令脉冲 CP 的上升沿一到,各 D 触发器的状态与输入端状态相同,即 $Q_3Q_2Q_1Q_0$ 就变为 1010,四位数码便存放到了寄存器中。

此时，只要 $\overline{CR}=1$，$CP=0$，寄存器就处于保持状态。这样，就完成了接收并暂存数码的功能。

不难看出，这种寄存器在接收数码时，各位数码是同时输入；将来输出数码，也是同时输出。因此，这种寄存器被称为并行输入、并行输出数码寄存器。

5.2.2.2　移位寄存器

移位寄存器是在数码寄存器的基础上发展而成的，它除了有存放数码的功能外，还具有数码移位的功能。移位寄存器分为单向移位寄存器和双向移位寄存器两大类。

1. 单向移位寄存器

在移位脉冲作用下，所存数码只能向某一方向移动的寄存器叫单向移位寄存器。又有左移寄存器和右移寄存器之分。

图 5-5 是用 D 触发器组成的四位右移寄存器的逻辑图。其中 FF_3 是最高位触发器，FF_0 是最低位触发器，从左到右依次排列。每个高位触发器的输出端 Q 与低一位触发器的输入端 D 相接。整个电路只有最高位触发器 FF_3 的输入端 D 接收输入的数码，各个触发器的 CP 端连在一起作为移位脉冲的控制端，受同一 CP 脉冲控制。

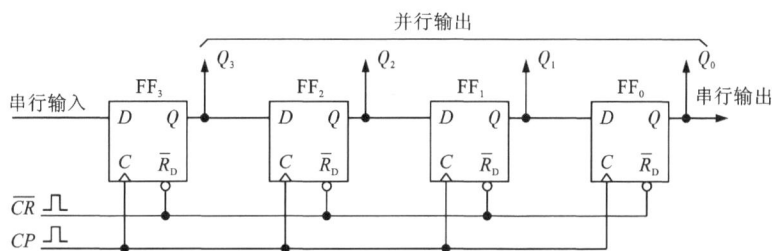

图 5-5　四位右移寄存器

右移寄存器工作过程如下：

接收数码前，寄存器应清零。令 $\overline{CR}=0$，则各位触发器均为 0 态。接收数码时，应使 $\overline{CR}=1$。

根据 D 触发器的逻辑功能和电路的结构可知，每当 CP 脉冲（即移位脉冲）的上升沿到来后，输入的数码就移入到触发器 FF_3 中。同时其余各个触发器的状态，也移入到低一位触发器中，最低位触发器的状态则从串行输出端移出寄存器。这种数据逐位输入、逐位输出的方式，称为串行输入、串行输出方式。

假设串行存入的数据为 1101。根据数码右移的特点，首先应输入最低位 D_0，然后由低位到高位，依次输入。

当输入为最低位 $D_0=1$ 时：在第一个 CP 脉冲上升沿到来后，D_0 移入 FF_3，$Q_3=1$，而其他三个触发器保持 0 态不变。寄存器的状态为 $Q_3Q_2Q_1Q_0=1000$；

输入为数码 $D_1=0$ 时：当第二个 CP 脉冲上升沿到来后，D_1 移到 FF_3 中，而 $Q_3=1$ 则移到 FF_2 中，此时 $Q_2=1$。Q_1、Q_0 仍为 0 态。寄存器的状态变为 $Q_3Q_2Q_1Q_0=0100$；

输入为数码 $D_2=1$ 时：当第三个 CP 脉冲上升沿到来后，D_2 移入 FF_3，$Q_3=0$ 移到 FF_2 中，

$Q_2 = 1$ 移入 FF$_1$，而 FF$_0$ 仍为 0 态。寄存器状态为 $Q_3Q_2Q_1Q_0 = 1010$；

输入为数码 $D_3 = 1$ 时：和上述情况相同，第四个 CP 脉冲上升沿到来后，D_3 移入 FF$_0$ 中，其余各位触发器依次右移，结果 $Q_3Q_2Q_1Q_0 = 1101$。

综上分析，经过四个移位脉冲 CP 的作用后，四位数码 $D_3D_2D_1D_0 = 1101$ 就全部移入到寄存器中。表 5 – 1 是移位脉冲 CP 作用下的四位右移寄存器的状态表。

表 5 – 1　四位右移寄存器状态表

CP 脉冲	输入	输出			
		Q_3	Q_2	Q_1	Q_0
0	0	0	0	0	0
1	1	1	0	0	0
2	0	0	1	0	0
3	1	1	0	1	0
4	1	1	1	0	1

从四个触发器的输出端 $Q_3 \sim Q_0$ 可以同时输出四位数码，即并行输出。又可以从最低位 FF$_0$ 的输出端 Q_0 处输出，只需要连续送入四个 CP 脉冲，存放的四位数码将从低位到高位，依次从串行输出端 Q_0 处输出，这就是串行输出方式。可见，右移寄存器具有串行输入、串并行输出的功能。图 5 – 6 是它的工作波形图。

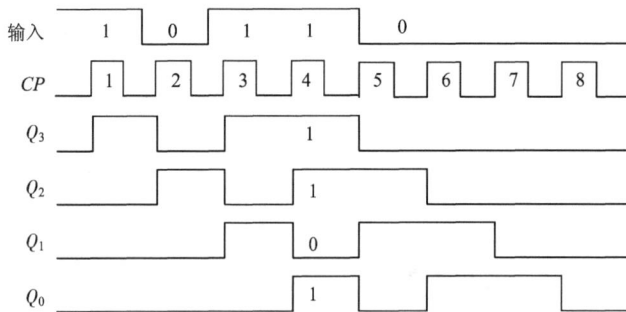

图 5 – 6　四位右移寄存器工作波形图

从图 5 – 5 可看出，右移寄存器的结构特点是：最高位触发器接收输入数码，数码由高位触发器移向低位触发器。而左移寄存器正好相反：最低位触发器接收输入数码，数码由低位触发器移向高位触发器。图 5 – 7 所示是由四个 D 触发器构成的左移寄存器。它又如何工作？请读者自行分析。

2. **集成双向移位寄存器**

在数字电路中，常需要寄存器按不同的控制信号，能够向右移位或者向左移位。具有既能右移又能左移两种工作方式的寄存器，称为双向移位寄存器。双向移位寄存器除了具有双向移位功能外，常常还有置数、保持、清除等功能。

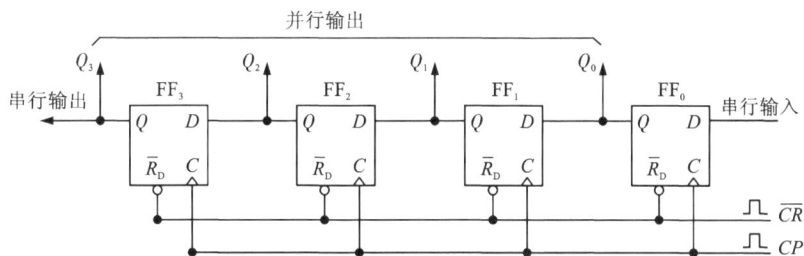

图 5-7 四位左移寄存器

集成 4 位双向移位寄存器 CT74LS194 芯片实物如图 5-8(a)所示,外引线排列如图 5-8(b)所示。

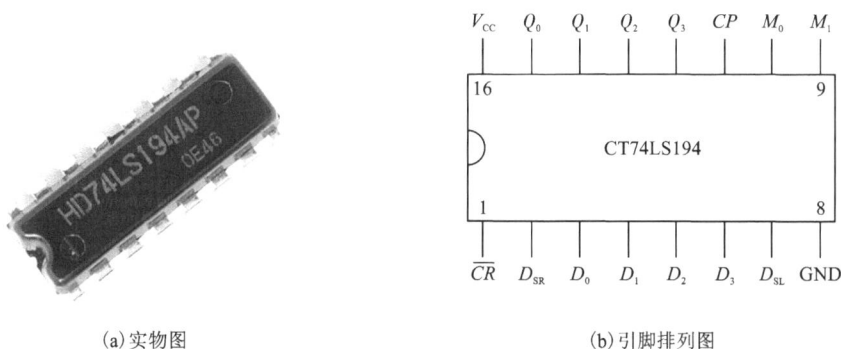

(a)实物图　　　　　　　　　　　　　　　(b)引脚排列图

图 5-8 集成 4 位双向移位寄存器 CT74LS194

各引脚功能如下:

引脚 1($\overline{CR}$)是异步清零端,低电平有效,$\overline{CR}=0$ 时,各输出端均为 0。

引脚 2(D_{SR})是右移串行数据输入端。

引脚 3、4、5、6(D_0、D_1、D_2、D_3)是并行数据输入端。

引脚 7(D_{SL})是左移串行数据输入端。

引脚 8(GND)是电源负极,接地。

引脚 9(M_1)、引脚 10(M_0)为工作方式控制端。

引脚 11(CP)是时钟信号输入端。

引脚 12、13、14、15(Q_3、Q_2、Q_1、Q_0)是寄存器的输出端。

引脚 16(V_{CC})是电源正极。

寄存器的不同功能即保持、右移、左移及并行输入取决于引脚 9(M_1)、引脚 10(M_0)的不同取值;$M_1M_0=00$ 时,寄存器中存入的数据保持不变;$M_1M_0=01$ 时,寄存器为右移工作方式,D_{SR} 为右移串行输入端;$M_1M_0=10$ 时,寄存器为左移工作方式,D_{SL} 为左移串行输入端;$M_1M_0=11$ 时,寄存器为并行输入方式,即在 CP 脉冲的作用下,将输入到 $D_0\sim D_3$ 端的数据,同时存入寄存器中。

常用的移位寄存器还有 74HC91、74HC95、74HC164、74HC165、74HC166 等 TTL 型和 CC4014、CC4015、CC4021 等 CMOS 型集成电路。

5.2.3　做中学(一)

实验　测试74LS194芯片的逻辑功能

(1)按图5-9所示连线,其中第16脚接电源正端,第8脚接电源负极;M_1、M_0、$\overline{CR}$、D_0 ~ D_3、D_{SR}、D_{SL}共9个端与逻辑开关相连,CP端与单次脉冲信号源相连;将Q_0 ~ Q_3输出与发光二极管相连。

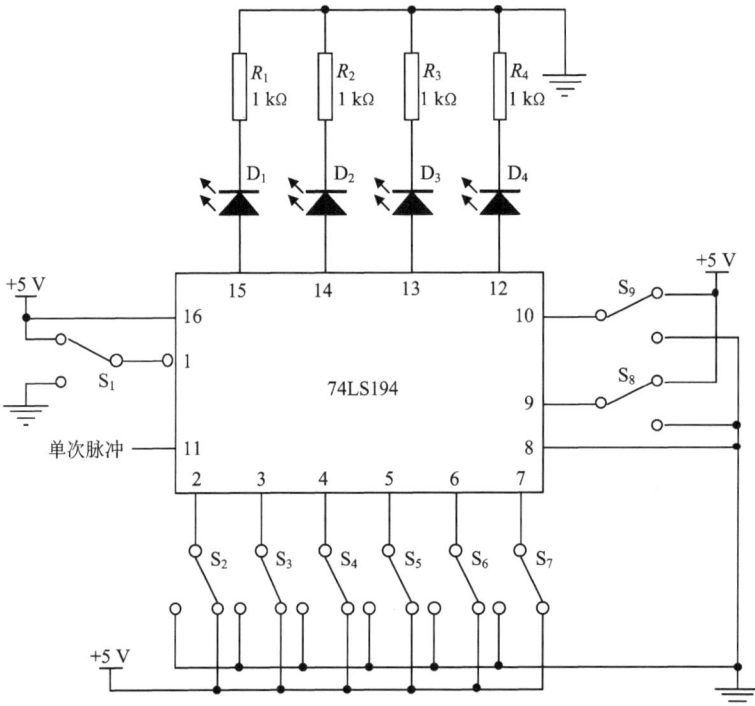

图5-9　集成4位双向移位寄存器74LS194功能测试

(2)接通电源,按表5-2所示序号依次逐项进行测试,将测试结果填入表中。

表5-2　集成4位双向移位寄存器74LS194功能测试

序号	输入										输出				功能
	$\overline{CR}$	M_1	M_0	CP	D_{SR}	D_{SL}	D_0	D_1	D_2	D_3	Q_0	Q_1	Q_2	Q_3	
1	0	×	×	×	×	×	×	×	×	×					
2	1	1	1	↑	×	×	1	0	1	1					
3	1	1	0	↑	×	0	×	×	×	×					
4	1	1	0	↑	×	1	×	×	×	×					
5	1	0	1	↑	0	×	×	×	×	×					
6	1	0	1	↑	1	×	×	×	×	×					
7	1	0	0	↑	×	×	×	×	×	×					

注:×表示任意状态。

5.2.4 计数器

能累计输入脉冲个数的电路称为计数器。计数器是数字电路中应用十分广泛的单元逻辑电路,除直接用作计数、分频、定时外,还经常应用于数字仪表、程序控制、计算机等领域。

计数器种类很多:按计数进位体制不同分为二进制、十进制、N 进制计数器;按计数过程中数值增、减情况可分加法计数器、减法计数器、可逆(加/减)计数器;按计数中各触发器的状态转换时刻的不同,可分为异步计数器、同步计数器。二进制计数器是各种计数器的基础。

5.2.4.1 二进制计数器

在计数脉冲作用下,各触发器状态的转换按二进制数的编码规律进行计数的数字电路称为二进制计数器。

构成计数器电路的核心器件是具有计数功能的 T′ 触发器。可将触发器接成计数状态 ($Q^{n+1} = \overline{Q^n}$),如图 5 - 10 所示,这样在 CP 脉冲作用下,触发器的状态按 010 的规律循环翻转。可见,一个触发器即可连成一个最简单的 1 位二进制计数器。

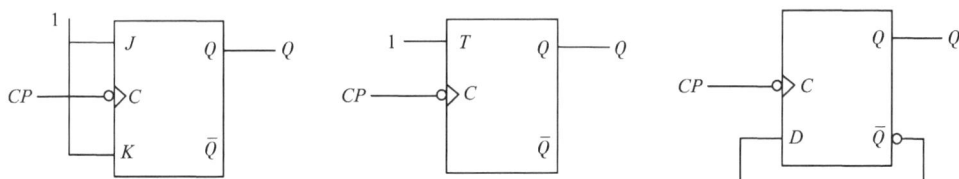

图 5 - 10 JK、T、D 触发器的计数状态

1. 二进制同步加法计数器

在同步计数器中,计数脉冲送到各触发器时钟脉冲输入端,在计数脉冲到来时,所有需要翻转的触发器能在同一时间翻转。即触发器的状态变化与计数脉冲同步,缩短了总的传输延迟时间,提高了计数器的工作频率。

图 5 - 11 所示是由三个 T 触发器组成的三位同步二进制加法计数器。从电路图中可以看出,各触发器的时钟脉冲输入端连在一起接到计数脉冲 CP 上,组成了同步计数器,各个触发器的 T 端分别为:因 T_1 悬空,故有 $T_1 = 1$,$T_2 = Q_1$,$T_3 = Q_2 Q_1$。

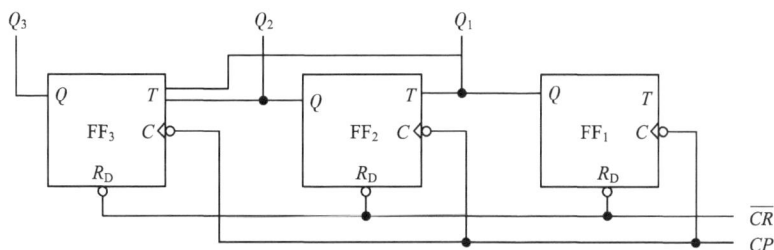

图 5 - 11 三位同步二进制加法计数器

工作过程如下：

计数器工作前应先清零。令 $\overline{CR}=0$，$Q_3Q_2Q_1=000$。然后使 $\overline{CR}=1$，开始计数工作。

对于 T_1 触发器，因 $T_1=1$，触发器处于计数状态，在每个 CP 计数脉冲下降沿，T_1 触发器均翻转一次。

$T_2=Q_1$，当 $Q_1=1$ 时，在 CP 计数脉冲下降沿到来时，Q_2 触发器计数翻转；当 $Q_1=0$ 时，Q_2 触发器保持原态不变。

$T_3=Q_2Q_1$，只有当 $Q_1=Q_2=1$ 且 CP 计数脉冲下降沿到来时，Q_3 触发器才计数翻转，否则 Q_3 就保持原态不变。计数器的工作波形图如图 $5-12$ 所示。

从时序图中可以看出：计数器从 $Q_3Q_2Q_1=000$ 开始计数，当第一个 CP 下降沿到来时，计数输出 $Q_3Q_2Q_1=001$，第二个 CP 下降沿到来时，计数输出 $Q_3Q_2Q_1=010$，以此类推，当第七个 CP 下降沿到来时，计数输出 $Q_3Q_2Q_1=111$，当第八个 CP 下降沿到来时，计数输出又回到 $Q_3Q_2Q_1=000$。至此，完成了 $0\sim7$ 的二进制加法计数过程。

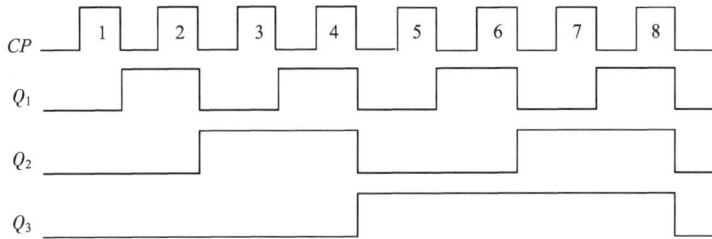

图 5-12　三位同步二进制加法计数器工作波形图

2. 二进制异步减法计数器

如图 $5-13$ 所示，电路由三个 T 触发器组成，低位的 $\overline{Q}$ 与高一位的 CP 端相连，所有触发器 T 端悬空，相当于接高电平，即 $T=1$，因此，每个触发器都处于计数状态，只要控制端 CP 信号由 1 变 0，触发器的状态就翻转。

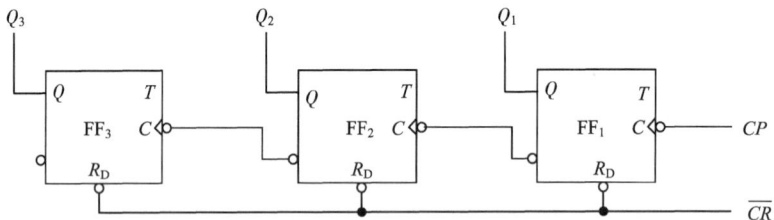

图 5-13　二进制异步减法计数器

工作过程如下：

计数器工作前应先清零。令 $\overline{CR}=0$，$Q_3Q_2Q_1=000$。然后使 $\overline{CR}=1$，开始计数工作。

当低位触发器的状态 Q 由 0 变 1，其 $\overline{Q}$ 由 1 变 0，高一位触发器的 C 端将收到负跳变脉冲，这一位触发器的状态就翻转。而低位触发器的状态由 1 变 0 时，高一位触发器收到正跳变脉冲而不翻转。

当第一个 CP 下降沿到来时，Q_1 从 0 翻转为 1，Q_2 在 Q_1 的下降沿作用下也从 0 翻转为 1，Q_3

在 Q_2 的下降沿作用下也从 0 翻转为 1，即计数输出 $Q_3Q_2Q_1 = 111$。第二个 CP 下降沿到来时，Q_1 从 1 翻转为 0，Q_3Q_2 保持不变，计数输出 $Q_3Q_2Q_1 = 110$，以此类推，当第八个 CP 下降沿到来时，计数输出 $Q_3Q_2Q_1 = 000$，计数器完成 7～0 的减法计数。计数器的工作波形图如图 5 − 14 所示。

异步计数器与同步计数器相比，异步计数器电路结构较为简单，在纯计数场合应用较多；同步计数器具有传输延迟时间短、工作频率高的特点，在计数且需控制的场合应用更为广泛。

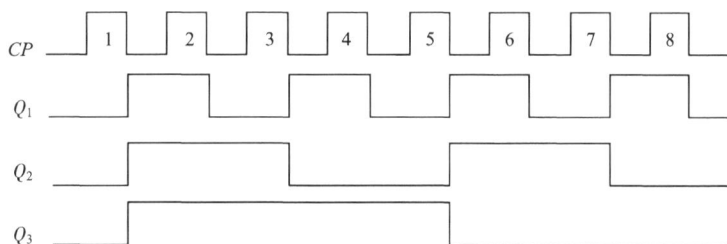

图 5 − 14　二进制异步减法计数器工作波形图

5.2.4.2　十进制计数器

二进制计数器结构简单，运算方便，但人们更习惯于使用十进制。在数字式仪表中，为了显示读数的方便，常采用十进制计数器。

图 5 − 15 所示电路为异步十进制加法计数器逻辑图。它由四个主从 JK 触发器组成，每个触发器的电路特点是：当 FF_1 的 $J = \overline{Q_3} = 1$ 时，在 Q_0 由 1 变 0 时，FF_1 翻转；当 $Q_3 = 0$ 时，FF_1 置 0；第四位触发器 FF_3 的 $J = Q_1Q_2$，$CP = Q_0$，当 $Q_1 = Q_2 = 1$，且 Q_0 由 1 变 0 时，FF_3 才能翻转；当 $Q_1 = Q_2 = 0$ 时，FF_3 置 0。

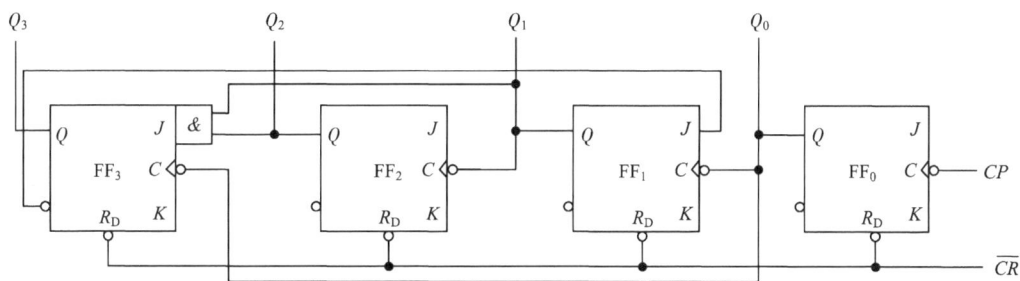

图 5 − 15　异步十进制加法计数器

工作过程如下：

计数前，电路应清零，使 $Q_3 = Q_2 = Q_1 = Q_0 = 0$。在 FF_3 翻转之前（即计数到"8"以前），$J_0 = K_0 = J_1 = K_1 = J_2 = K_2 = 1$，$FF_2$、$FF_1$、$FF_0$ 三级触发器都处于计数触发状态。

当第一个计数脉冲 CP 到来后，FF_0 的状态由 0 变 1。而 CP 到来前，Q_0、Q_1、Q_2 均为 0，所以 CP 到来后，FF_1、FF_2、FF_3 保持 0 态不变。计数器的状态为 0001。

当第二个计数脉冲 CP 到来后，FF_0 的状态由 1 变 0，即 $Q_0 = 0$。而 CP 到来前，$Q_0 = 1$，Q_1、Q_2 均为 0，所以 CP 到来后，FF_1 的时钟脉冲 C 端接收 Q_0 的负跳变发生翻转，$Q_1 = 1$，FF_2、FF_3 继续保持 0 态不变。计数器的状态为 0010。

按此规律，直到第七个 CP 脉冲到来后，计数器的状态变为 0111。

当第八个 CP 脉冲到来后，FF_0 由 1 变 0，Q_0 输出的负跳变使 FF_1 由 1 变 0；Q_1 的负跳变又使 Q_2 也由 1 变 0，Q_2 的负跳变又使 Q_3 也由 1 变 0；在 Q_0 输出的负跳变时，因 $J_3 = Q_1 Q_2 = 1$，故使 Q_3 由 0 变 1，这时计数器变成 1000 状态。

第九个 CP 脉冲使 FF_0 翻转，计数器为 1001 状态。第十个 CP 脉冲输入后，Q_0 由 1 翻转到 0，并送给 FF_1、FF_3 的 CP 端一个下降沿信号。FF_1 因 $J_1 = \overline{Q_3} = 0$，故 FF_1 置 0 而状态不变；FF_3 则因 $K_3 = 1$，$J_3 = Q_1 Q_2 = 0$，Q_3 由 1 翻转到 0。于是计数器由 1001 回到 0000 状态。实现了二 — 十进制的计数。此时 Q_3 输出一个由 1 变 0 的下降沿进位时钟脉冲，从而完成了一位十进制计数的全过程。

计数器的工作波形图如图 5 - 16 所示。

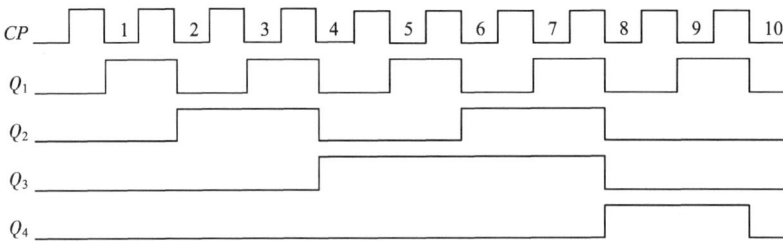

图 5 - 16　异步十进制加法计数器工作波形图

5.2.4.3　集成计数器

1. 集成计数器简介

随着集成技术的迅速发展，集成计数器的应用已十分普遍。计数器集成化后，在集成电路上同时增加一些门和控制端，使计数器的功能更加完善，使用更为方便。表 5 - 3 列出了几种常用的集成计数器。目前集成计数器的规格多、品种全。从表中可看出，各种产品在时钟输入、清零、置数、使能控制等方式上各有不同。

表 5 - 3　几种常用计数器

型号	工作方式	计数顺序	位数、进制	触发脉冲	清零	预置
74LS160	异步	加法	十进制	↑	异步、低	异步、低
74LS190	同步	加、减	十进制	↑	无	异步、低
74LS192	同步	双 CP 可逆	十进制	↑	异步、高	异步、低
74LS568	同步	加、减	4 位十进制	↑	异/同、低	无
74LS93	异步	加	4 位二进制	↓	异步、高	无
74LS161	同步	加	4 位二进制	↓	异步、低	异步、低
74LS191	同步	加、减	4 位二进制	↑	无	异步、低
74LS193	同步	双 CP 可逆	4 位二进制	↑	异步、高	异步、低
74LS290	异步	加	二、五、十进制	↓	异步、高	异步、低
74LS196	异步	加	二、五、十进制	↓	异步、低	异步、低
CD4518	同步	加	双十进制	↑↓	异步、高	无

续表 5 – 3

型号	工作方式	计数顺序	位数、进制	触发脉冲	清零	预置
CD4060	同步	加	14 位二进制	↓	异步、低	无
CD4040	同步	加	12 位二进制	↓	异步、低	无
CD4017	同步	加	十进制计数/分配器	↑↓	同步、高	无

2. 集成计数器 CD4518

CD4518 是双 BCD（8421 编码）十进制加法计数器。它具有双十进制计数、保持、清零等多种功能。CD4518 中的每一个计数器都是由四个 D 触发器和一些控制门电路组成的。电源电压为 3～18 V。

图 5 – 17 是它的芯片实物和外引线排列图。第 8 脚（GND）为两个计数器电源负端，第 16 脚（V_{CC}）为两个计数器电源正端；第 1～7 脚构成一个十进制加法计数器，第 3～6 脚（$Q_{0a}Q_{1a}Q_{2a}Q_{3a}$）为输出端；第 1 脚（CP_a）为时钟脉冲输入端，第 2 脚（EN_a）为计数允许控制端，要实现上升沿触发，CP 脉冲应从第 1 脚输入（此时 EN_a 端要为高电平），要实现下降沿触发，CP 脉冲应从第 2 脚输入（此时 CP_a 端要为低电平）；第 7 脚（CR_a）为复位端，高电平有效。第 9～15 脚构成另一个十进制加法计数器，第 11～14 脚（$Q_{0b}Q_{1b}Q_{2b}Q_{3b}$）为输出端；第 9 脚（CP_b）为时钟脉冲输入端，第 10 脚（EN_b）为计数允许控制端，要实现上升沿触发，CP 脉冲应从第 9 脚输入（此时 EN_b 端要为高电平），要实现下降沿触发，CP 脉冲应从第 10 脚输入（此时 CP_b 端要为低电平）；第 15 脚（CR_b）为复位端，高电平有效。

(a)实物图

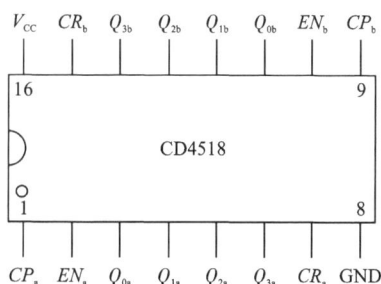

(b)引脚排列图

图 5 – 17　双 BCD 十进制加法计数器 CD4518

3. 集成计数器 CD4017

CD4017 是十进制计数器/脉冲分配器，其内部由计数器及译码器两部分组成，由译码输出实现对脉冲信号的分配。电源电压为 3～18 V。

图 5 – 18 是它的芯片实物和外引线排列图。第 8 脚（V_{SS}）为电源负端，第 16 脚（V_{DD}）为电源正端；第 15 脚（CR）为复位端，高电平有效；第 14 脚（CP）为时钟脉冲输入端、第 13 脚（INH）为禁止端，要实现上升沿触发，CP 脉冲应从 14 脚输入（此时 INH 端要为低电平），要实现下降沿触发，CP 脉冲应从 13 脚输入（此时 CP 端要为高电平）；第 1～7、9～11 脚为 10 个输出端（$Y_0～Y_9$）；第 12 脚（CO）为进位输出端。每输入 10 个计数脉冲，CO 端就得到 1 个

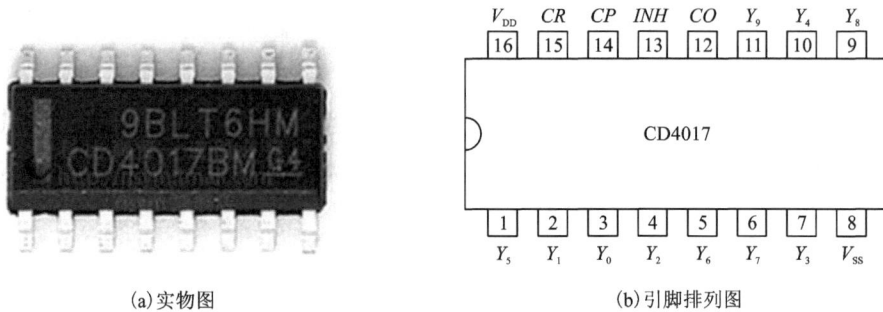

(a)实物图　　　　　　　　　　　　　(b)引脚排列图

图 5 - 18　十进制计数器/脉冲分配器 CD4017

进位正脉冲,该进位输出信号可作为下一级的时钟信号。

　　由此可见,当 CD4017 有连续脉冲输入时,其对应的输出端依次变为高电平状态,宽度等于时钟周期,故可直接用作顺序脉冲发生器。

5.2.5　做中学(二)

实验　测试 CD4518 芯片的逻辑功能

　　(1)按图 5 - 19 所示连线,其中第 16、2 脚接电源正端,第 8、9 脚接电源负极;CR_a、CR_b 与逻辑开关相连,上升沿触发 CP_a、下降沿触发 $\overline{CP}_b$ 与单次脉冲信号源相连;将 Q_{3a}、Q_{2a}、Q_{1a}、Q_{0a}、Q_{3b}、Q_{2b}、Q_{1b}、Q_{0b} 输出与发光二极管相连。

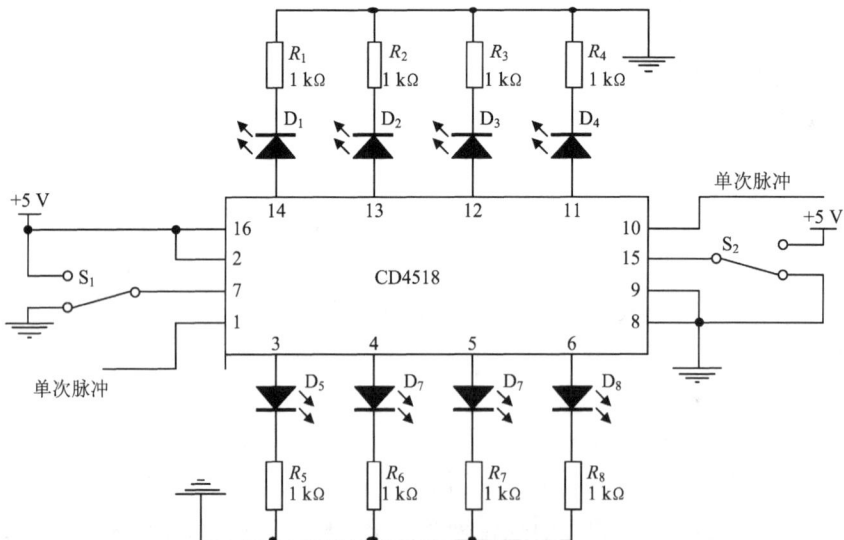

图 5 - 19　集成双 BCD 十进制加法计数器 CD4518 功能测试

　　(2)接通电源,按表 5 - 4 所示序号依次逐项进行测试。

表 5 – 4　集成双 BCD 十进制加法计数器 CD4518 功能测试

分类	输入		输出				分类	输入		输出			
	CR_a	CP_a 个数	Q_{3b}	Q_{2b}	Q_{1b}	Q_{0b}		CR_b	$\overline{CP}_b$ 个数	Q_{3a}	Q_{2a}	Q_{1a}	Q_{0a}
正脉冲触发测试	1	×					负脉冲触发测试	1	×				
	0	1						0	1				
		2							2				
		3							3				
		4							4				
		5							5				
		6							6				
		7							7				
		8							8				
		9							9				
		10							10				
		11							11				

5.3　任务实现

5.3.1　认识电路组成

该电子幸运转盘电路主要由启动电路、多谐振荡器、十进制计数器/脉冲分配器和输出显示电路四部分组成。其电路组成方框如图 5 – 20 所示。

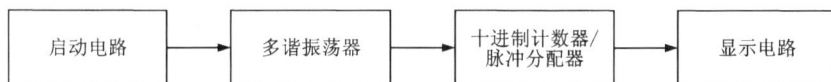

图 5 – 20　电子幸运转盘组成方框图

电路原理如图 5 – 21 所示，S_1、R_1、C_1、Q_1 组成启动电路，IC_1（NE555）、R_2、C_2、R_3、C_3 以及 Q_1 的 C – E 等效电阻组成多谐振荡器，IC_2（CD4017）构成十进制计数器/脉冲分配器，$D_1 \sim D_{10}$、R_4 组成输出显示电路。

5.3.2　认识工作过程

未按下按键 S_1 时，Q_1 截止，IC_1（NE555）组成的多谐振荡器不工作，IC_2（CD4017）无时钟脉冲输入也不工作，IC_2 各输出端输出电平为 0，各发光二极管灭。

当按下按键 S_1 时，Q_1 饱和导通，IC_1 组成的多谐振荡器振荡，从 3 脚输出矩形脉冲送到 IC_2 的时钟端，IC_2 在时钟脉冲作用下 10 个输出端轮流输出高电平，IC_2 输出端的高电平驱动对应 LED 发光；松开按键后，由于有电容 C_1 的存在，Q_1 不会立即截止，但随着 C_1 的放电，

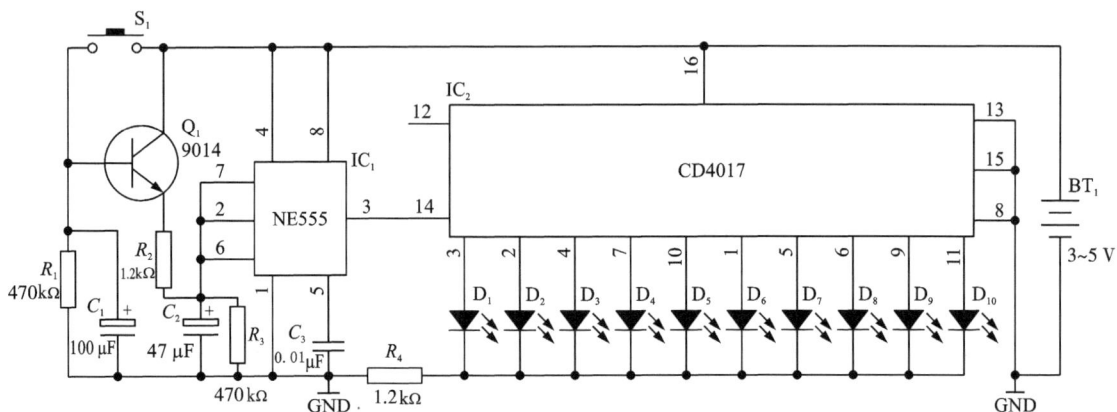

图 5 – 21　电子幸运转盘电路原理图

Q_1 的导通程序逐渐减弱，3 脚输出的脉冲频率逐渐变慢，LED 移动的频率也随之变慢。最后当 C_1 放电完成后，Q_1 截止，IC_1 的 3 脚停止输出脉冲，LED 不再移动。一次"开奖"过程就这样完成了。R_2 大小决定 LED 移动的速度，C_1 决定等待"开奖"的时间。

5.3.3　元器件的选用与检测

1. 元器件的选用

$R_1 \sim R_4$ 选用插件金属膜电阻器；C_1、C_2 选用耐压值为 16 V 的电解电容器；C_3 选用瓷片电容器；$D_1 \sim D_{10}$ 选用 5 mm 发光二极管；S_1 选用 6 mm × 6 mm × 5 mm 轻触开关；Q_1 选用 TO – 92 型三极管 9014，IC_1 选用集成定时器 NE555，IC_2 选用集成计数器 CD4017。元器件清单见表 5 – 5。

表 5 – 5　电子幸运转盘元器件清单

序号	类型	标号	参数	数量	质量检测	备注
1	电阻器	R_1、R_3	470 kΩ	2	实测：	
2		R_2、R_4	1.2 kΩ	2	实测：	
3	电容器	C_1	100 μF	1	实测：	
4		C_2	47 μF	1	实测：	
5		C_3	0.01 μF	1	实测：	
6	发光二极管	$D_1 \sim D_{10}$	5 mm	10	实测：	
7	轻触开关	S_1	6 mm × 6 mm × 5 mm	1	实测：	
序号	类型	标号	参数	数量	引脚图及质量检测	备注
12	三极管	Q_1	9014	1		
13	集成电路	IC_1	NE555	1		
14		IC_2	CD4017	1		

2. 元器件的检测

元器件根据前面项目介绍的方法进行检测,将检测情况填入表 5 – 5。

5.3.4　电路安装

1. 识读电路板

根据电路板实物,参考电路原理图清理电路,查看电路板是否有短路或开路的地方,熟悉各器件在电路板中的位置。电子幸运转盘电路器件布局如图 5 – 22 所示。

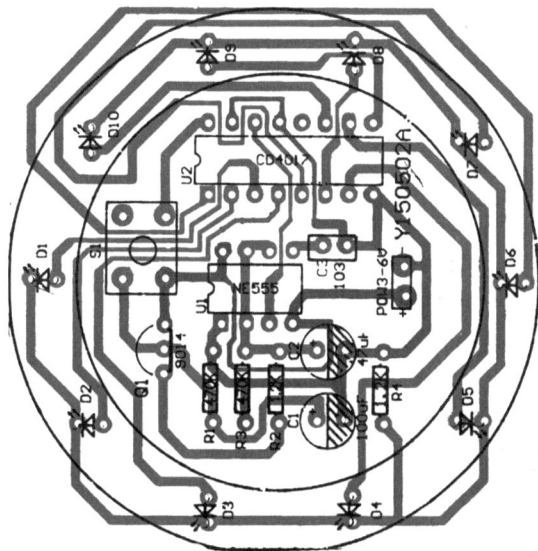

图 5 – 22　电子幸运转盘电路器件布局图

2. 安装原则

按照先小件后大件的顺序安装,即按电阻器、瓷片电容器、电解电容器、集成电路的顺序安装焊接。

3. 元器件安装

元器件安装参照项目 1 插件元器件安装方法进行。

5.3.5　电路调试与检测

1. 电路调试

(1)安装结束,检查焊点质量(重点检查是否有错焊、漏焊、虚假焊、短路)和器件安装是否正确(重点检查极性电容器、发光二极管、三极管和集成电路)之后,方可通电。

(2)通电观察电路是否有异常现象(声响、冒烟),如有应立即停止通电,查明原因。

(3)按下按键 S_1,LED 应轮流发光;松开按键后,LED 移动的频率也随之变化。最后停留在某一 LED 不再移动。

(4)调节 R_2 大小可调节 LED 移动的速度,调节 C_1 大小可调节最后停留位置。

2. 电路检测

(1)按下 S_1 不放,用示波器测出 IC_1 的 3 脚和 6 脚波形,完成表 5 – 6。

表 5 - 6　NE555 波形检测

IC$_1$	波形	周期	幅值
3 脚			
6 脚			

（2）松开按键 S$_1$，LED 停止移动后，用万用表检测下列各点电压，完成表 5 - 7。

表 5 - 7　Q$_1$、IC$_1$、IC$_2$ 电压检测表

测试点	Q$_1$			IC$_1$							
	B	C	E	1	2	3	4	5	6	7	8
电压											
测试点	IC$_2$										
	1	2	3	4	5	6	7	9	10	11	14
电压											

5.4　考核评价

电子幸运转盘的制作评价标准见表 5 - 8

表 5 - 8　电子幸运转盘的制作评价标准

考核项目	评分点	分值	评分标准	得分
电子幸运转盘的制作	电路识图	5	能正确理解电路的工作原理，否则视情况扣 1 ~ 5 分	
	电路板制作	30	按电路原理图制作出电路板，要求设计合理、美观，每错一处扣 1 分，扣完为止	
	元件质量判定	15	正确识别元件，每错一处扣 1 分，扣完为止	
	电路焊接	20	元器件引脚成型符合要求，元器件装配到位；装配高度、装配形式符合要求；外壳及紧固件装配到位，不松动、不压线。不合要求每处扣 1 分	
	电路调试	15	正确使用仪器仪表；写出数据测试和分析报告。不能正确使用仪表测量每次扣 3 分，数据测试错误每次扣 2 分，分析报告不完整或错误视情况扣 1 ~ 5 分，扣完为止	
	电路检修	15	通电工作正常，如有故障应进行排除，不能排除视情况扣 3 ~ 15 分	
小计		100		

考核项目	评分点	分值	评分标准	得分
职业素养与操作考核	学习态度	20	不参与团队讨论,不完成团队布置的任务,抄袭作业或作品,发现一次扣 2 分,扣完为止	
	学习纪律	20	每缺课 1 次扣 5 分;每迟到 1 次扣 2 分;上课玩手机、玩游戏、睡觉,发现一次扣 2 分,扣完为止	
	团队精神	20	不服从团队的安排;与团队成员间发生与学习无关的争吵;发现团队成员做得不好或不到位或不会的地方不指出、不帮助;团队或团队成员弄虚作假,每发现一次,此项计 0 分;其他项,每发现一次扣 2.5 分,扣完为止	
	操作规范	20	操作过程不符合安全操作规程;仪器设备的使用不符合相关操作规程;工具摆放不规范;物料、器件摆放不规范;工作台位台面不清洁、不按规定要求摆放物品;任务完成后不整理、清理工作台;任务完成后不按要求清扫场地内卫生;发现一项扣 2 分,扣完为止。如出现触电、火灾、人身伤害、设备损坏等安全事故,此项记 0 分	
	行为举止	20	着装不符合规定要求;随地乱吐、乱涂、乱扔垃圾(食品袋、废纸、纸巾、饮料瓶)等;在非吸烟区吸烟;语言不文明,讲脏话;每项扣 1~5 分,扣完为止	
小计		100		

建议:1. 本项目的技能考核、职业素养与操作规范考核按 10% 比例折算计入总分;2. 理论考核根据全学期训练项目对应的理论知识在期末进行考核,本项目内容占理论试卷的 20%,按 10% 折算计入总分。

5.5 拓展提高

简易数字秒表的制作

简易数字秒表电路如图 5 - 23 所示。请根据原理图及所学知识分析电路工作原理,查阅相关资料列出所需元器件清单,自行采购相应器件,参考实物布局,用万能板进行设计、组装、调试,项目完成后,撰写制作心得体会。

(a)简易数字秒表实物

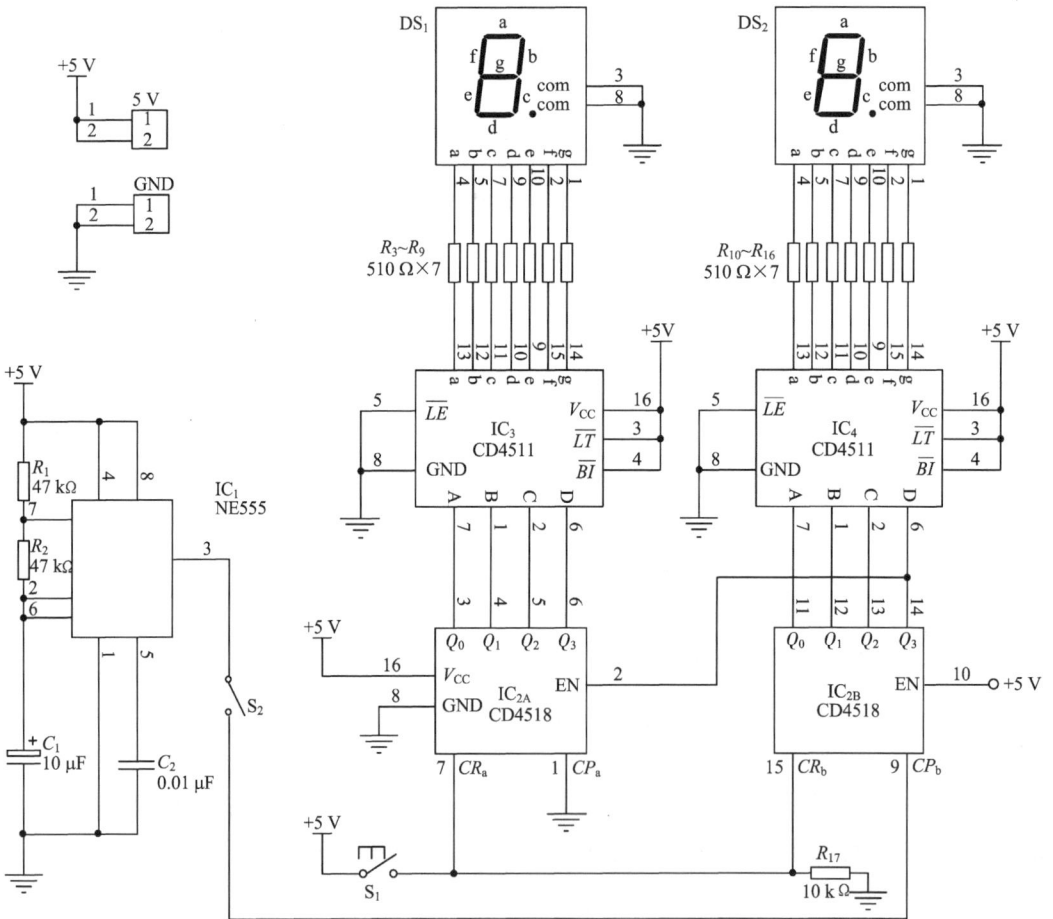

(b)简易数字秒表电路原理图

图 5 – 23　简易数字秒表

5.6　同步练习

5.6.1　填空题

1. 时序逻辑电路与组合逻辑电路不同，它在任一时刻的输出，不仅取决于该时刻的_____，而且还与电路的_____状态有关。

2. 寄存器是一种重要的数字逻辑部件，它具有_____、_____、_____数码等功能，一个触发器能存放_____位二进制数码，存放 N 位二进制数码需_____个触发器。

3. 移位寄存器按数码移动方向的不同分_____寄存器和_____寄存器，其中输入和输出方式有_____、_____、_____和_____四种。

4. 并行输入、并行输出的寄存器称为_____寄存器，它只有存放_____的功能。

5. 具有串行输入或串行输出功能的寄存器称为_____寄存器，它不但能存放_____，而且还具有_____功能。

6. 用来累计和寄存输入脉冲数目的部件称为_____。

7. 计数器的主要用途是对脉冲进行_____，也可以用作_____和_____。

8. 计数器由_____和_____组成。

9. 计数器按计数进位制，可分为_____、_____、_____计数器。

10. 一个触发器可以构成_____位二进制计数器，它有_____种工作状态，若需要表示 n 位二进制数，则需要_____个触发器。

11. 在计数器中，若触发器的时钟脉冲不是同一个，各触发器状态的更新有先有后，这种计数器称为_____。

12. n 位二进制加法计数器有_____个状态，最大计数值是_____。

5.6.2　选择题

1. 寄存器中与触发器相配合的控制电路通常由（　　）构成。

A. 门电路　　　　　B. 触发器　　　　　C. 二极管　　　　　D. 三极管

2. 6 个触发器构成的寄存器能存放（　　）位数据信号。

A. 6　　　　　　　B. 12　　　　　　　C. 18　　　　　　　D. 24

3. 寄存器由（　　）组成。

A. 门电路　　　　　B. 触发器　　　　　C. 触发器和具有控制作用的门电路

4. 利用移位寄存器产生 00001111 序列，至少需要（　　）级触发器。

A. 2　　　　　　　B. 4　　　　　　　C. 8　　　　　　　D. 16

5. 移位寄存器工作于并行输入 - 并行输出方式，信息的存取与时钟脉冲 CP（　　）关。

A. 有　　　　　　　B. 无　　　　　　　C. 时有时无

6. 移位寄存器除具有存放数码的功能外，还具有（　　）的功能。

A. 移位　　　　　　B. 编码　　　　　　C. 译码　　　　　　D. 空翻

7. 当集成移位寄存器 74LS194 左移时，需寄存的数据应接在(   )一端。

A. A B. D C. D_{SR} D. D_{SL}

8. 一个 4 位二进制加法计数器起始状态为 1001，当最低位接收到 4 个脉冲时，触发器状态为(   )。

  A. 0011   B. 0100   C. 1101   D. 1100

9. 构成计数器的基本单元是(   )。

  A. 与非门   B. 或非门   C. 触发器   D. 放大器

10. 8421BCD 十进制计数器的状态为 1000，若再输入 6 个计数脉冲，则计数器的新状态是(   )。

  A. 1001   B. 0100   C. 0011   D. 1110

5.6.3 综合题

1. 图 5 - 24 所示的数码寄存器，若电路原来状态为 $Q_2Q_1Q_0 = 101$，而输入数码 $d_2d_1d_0 = 011$，那么 CP 脉冲到来后，电路状态作何变化？

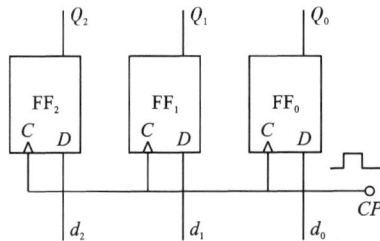

图 5 - 24

2. 图 5 - 25 所示的数码寄存器的初始状态 $Q_3Q_2Q_1Q_0 = 0000$，串行左移输入端 D_{SL} 输入的数据为 1101，试列出在连续四个 CP 脉冲作用下，寄存器的状态表。

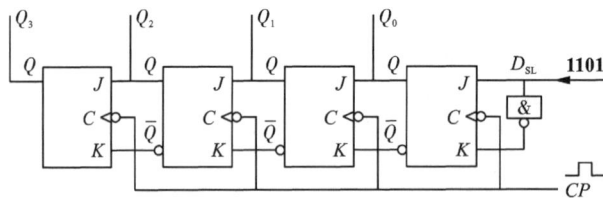

图 5 - 25

3. 试分析图 5 – 26(a)所示的计数器的工作原理,它是多少进制的计数器? 若初始状态 $Q_1 Q_0 = 00$,试列出在连续四个计数脉冲 CP 作用下,计数器的状态表,并画出 Q_1、Q_0 的工作波形图。

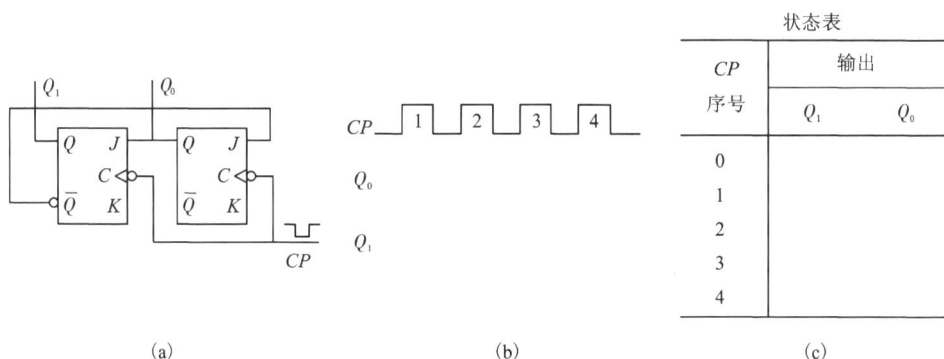

图 5 – 26

4. 试分析图 5 – 27 所示电路的逻辑功能,它是哪种类型的计数器? 画出在连续八个 CP 脉冲作用下,输出端 Q_2、Q_1、Q_0 的状态表(设计数器原有状态为 000)。

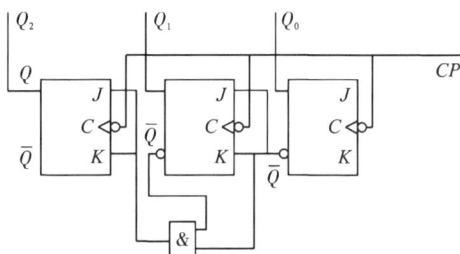

图 5 – 27

5. 试分析图 5 – 28 所示电路的逻辑功能,画出在连续八个 CP 脉冲作用下,输出端 Q_3、Q_2、Q_1 的状态表(设计数器原有状态为 000)。

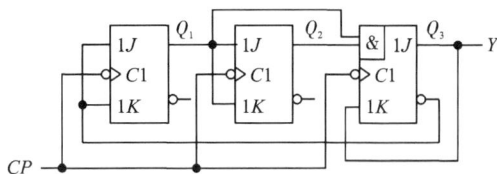

图 5 – 28

6. 请运用 CD4518 和适当逻辑门设计一个七进制加法器,画出相应电路。

附　录

附录1　部分常用数字集成电路的外引线排列图

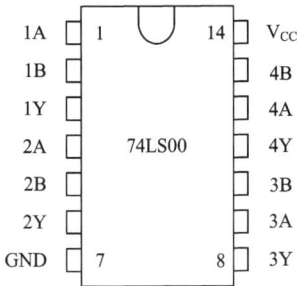

附图 1 - 1　四 2 输入与非门 **74LS00**
$$Y = \overline{A \cdot B}$$

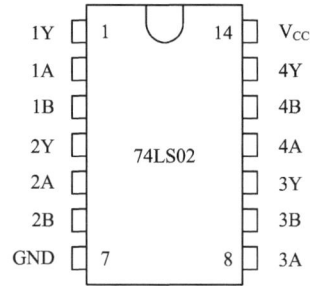

附图 1 - 2　四 2 输入或非门 **74LS02**
$$Y = \overline{A + B}$$

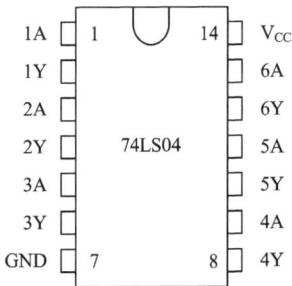

附图 1 - 3　六反相器 **74LS04**
$$Y = \overline{A}$$

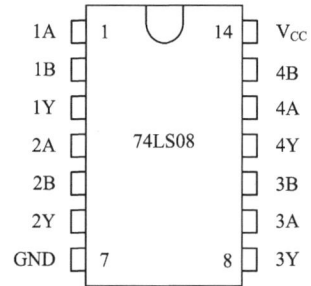

附图 1 - 4　四 2 输入与门 **74LS08**
$$Y = A \cdot B$$

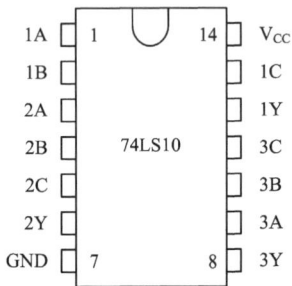

附图 1 - 5　三 3 输入与非门 **74LS10**
$$Y = \overline{A \cdot B \cdot C}$$

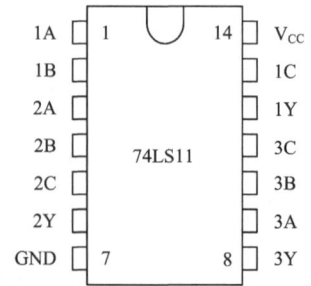

附图 1 - 6　三 3 输入与门 **74LS11**
$$Y = A \cdot B \cdot C$$

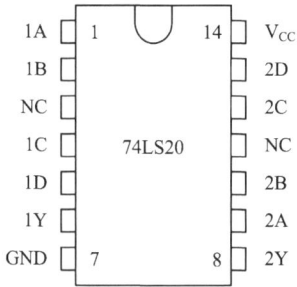

附图 1 – 7　双 4 输入与非门 74LS20
$$Y = \overline{A \cdot B \cdot C \cdot D}$$

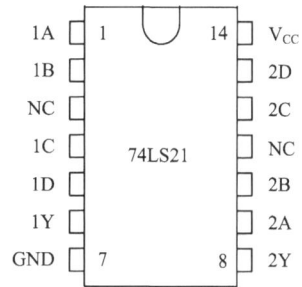

附图 1 – 8　双 4 输入与门 74LS21
$$Y = A \cdot B \cdot C \cdot D$$

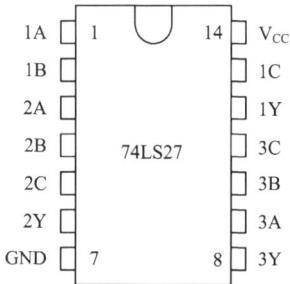

附图 1 – 9　三 3 输入或非门 74LS27
$$Y = \overline{A + B + C}$$

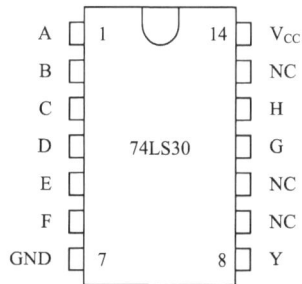

附图 1 – 10　8 输入与非门 74LS30
$$Y = \overline{A \cdot B \cdot C \cdot D \cdot E \cdot F \cdot G \cdot H}$$

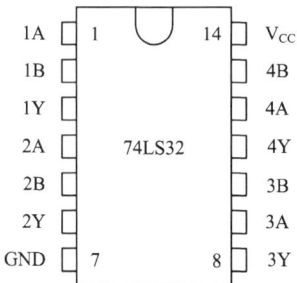

附图 1 – 11　四 2 输入或门 74LS32
$$Y = A + B$$

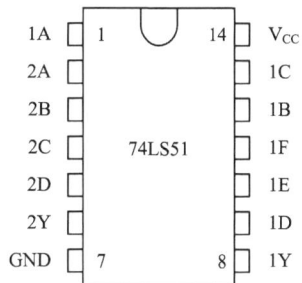

附图 1 – 12　2 路 3 – 3 输入，
2 路 2 – 2 输入与或非门 74LS51
$$Y = \overline{(A \cdot B \cdot C) + (D \cdot E \cdot F)}$$
$$Y = \overline{(A \cdot B) + (C \cdot D)}$$

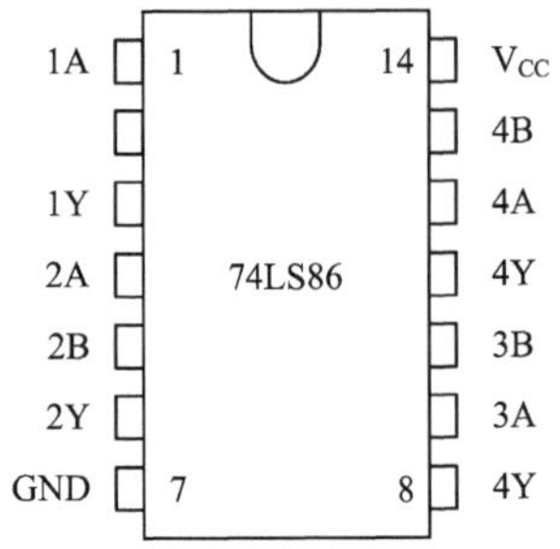
1A
1
14
Vcc
4B
1Y
4A
2A
74LS86
4Y
2B
3B
2Y
3A
GND
7
8
4Y

附图 1－13　四 2 输入异或门 74LS86

$Y=\overline{A\oplus B}$

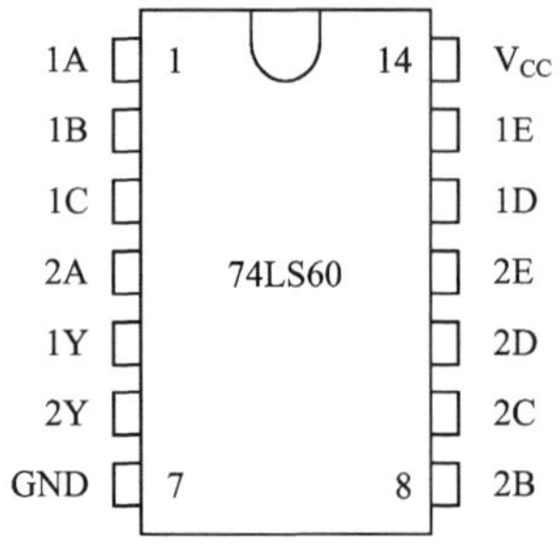
1A
1
14
Vcc
1B
1E
1C
1D
2A
74LS60
2E
1Y
2D
2Y
2C
GND
7
8
2B

附图 1－14　双 5 输入或非门 74LS260

$Y=\overline{A+B+C+D+E}$

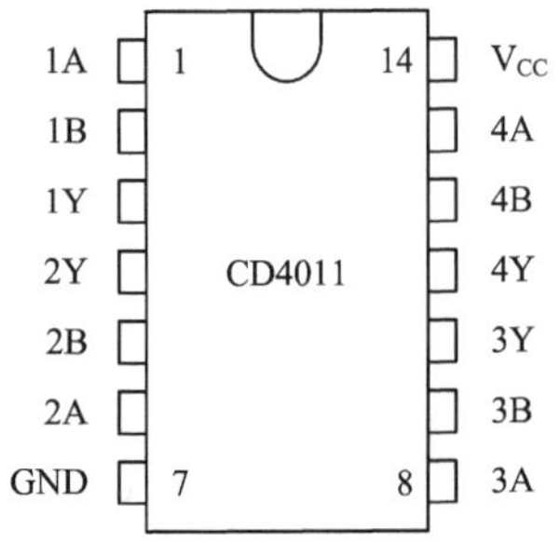
1A
1
14
Vcc
1B
4A
1Y
4B
2Y
CD4011
4Y
2B
3Y
2A
3B
GND
7
8
3A

附图 1－15　四 2 输入与非门 CD4011(CMOS)

$Y=\overline{A\cdot B}$

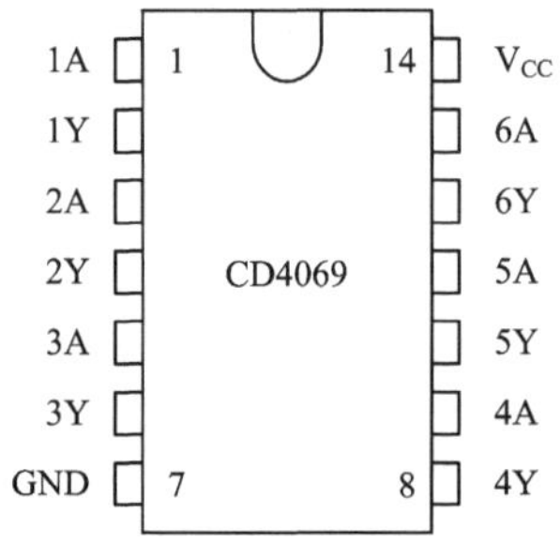
1A
1
14
Vcc
1Y
6A
2A
6Y
2Y
CD4069
5A
3A
5Y
3Y
4A
GND
7
8
4Y

附图 1－16　六反相器或 CD4069(CMOS)

$Y=\overline{A}$

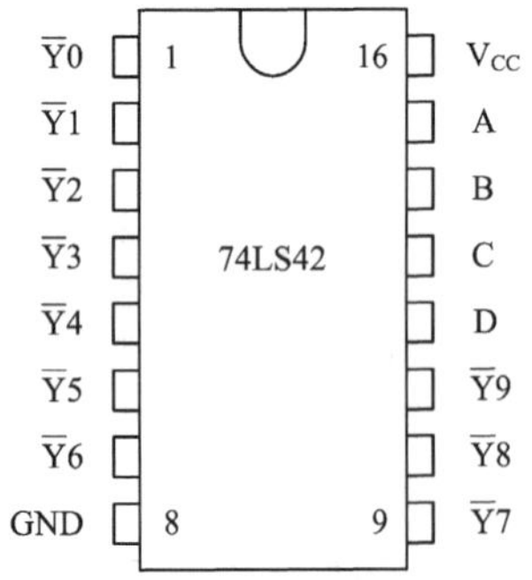
Y0
1
16
Vcc
Y1
A
Y2
B
Y3
74LS42
C
Y4
D
Y5
Y9
Y6
Y8
GND
8
9
Y7

附图 1－17　4 线－10 线译码器 74LS42

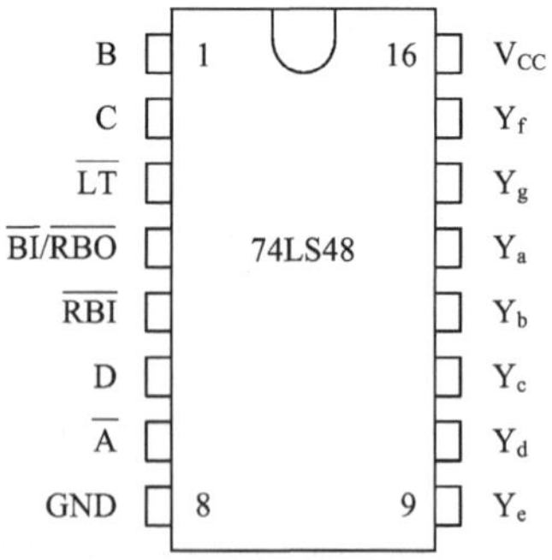
B
1
16
Vcc
C
Yf
LT
Yg
BI/RBO
74LS48
Ya
RBI
Yb
D
Yc
A
Yd
GND
8
9
Ye

附图 1－18　4 线－七段译码器/驱动器 74LS48

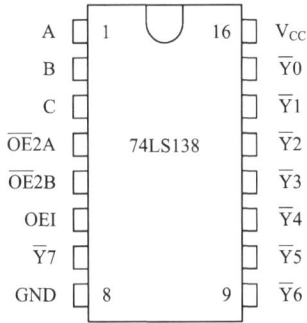

附图 1-19　3 线 -8 线译码器 74LS138

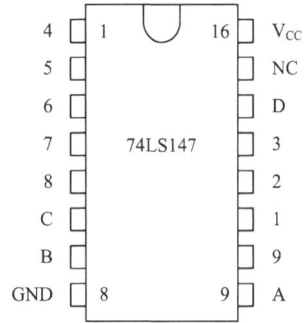

附图 1-20　10 线 -4 线优先编码器 74LS147

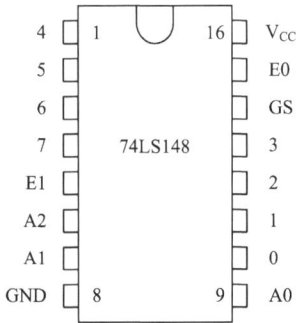

附图 1-21　8 线 -3 线优先编码器 74LS148

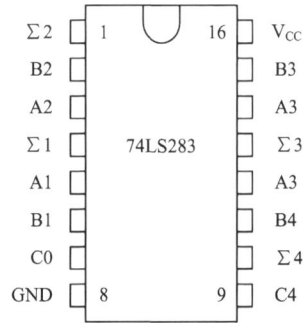

附图 1-22　位二进制全加器 74LS283

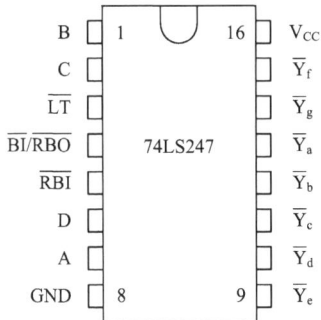

附图 1-23　4 线 -7 段译码器/
驱动器（OC）)74LS247

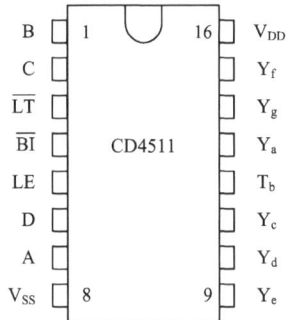

附图 1-24　4 线 -7 段译码器/
驱动器 CD4511

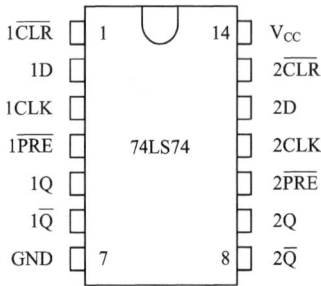

附图 1 – 25　双上升沿 D 触发器 74LS74

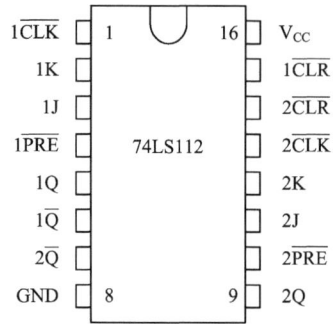

附图 1 – 26　双下降沿 JK 触发器 74LS112

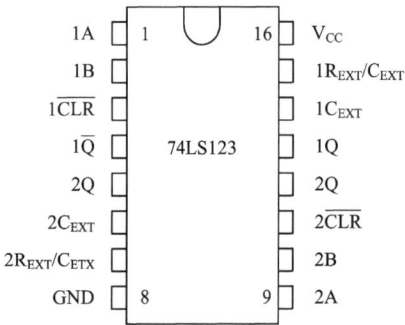

附图 1 – 27　可重触发双稳态触发器 74LS123

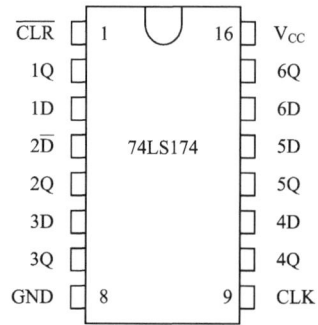

附图 1 – 28　6D 触发器 74LS174

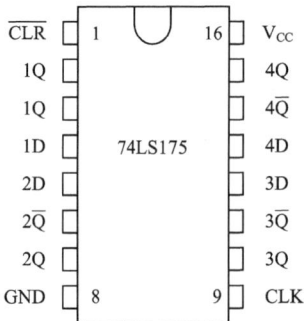

附图 1 – 29　4 上升沿 D 触发器 74LS175

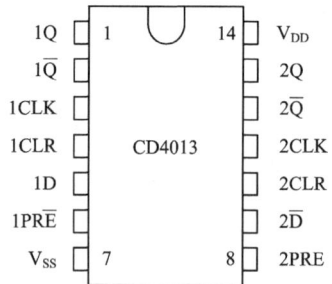

附图 1 – 30　双上升沿 D 触发器（CMOS）CD4013

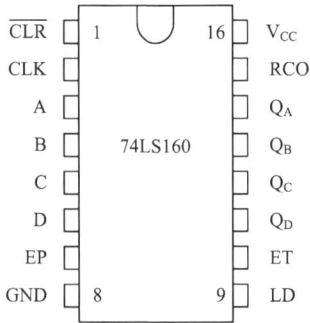

附图 1 – 31　四位十进制同步计数器 74LS160

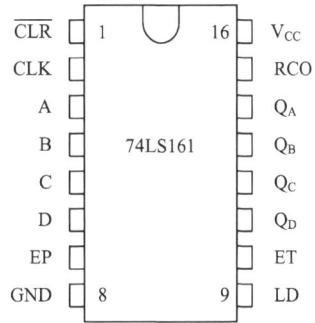

附图 1 – 32　四位二进制同步计数器 74LS161

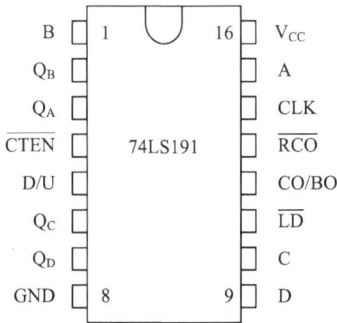

附图 1 – 33　四位二进制同步加/减计数器 74LS191

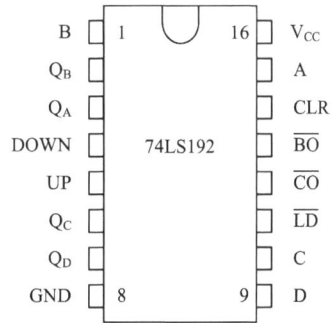

附图 1 – 34　十进制同步加/减计数器 74LS192

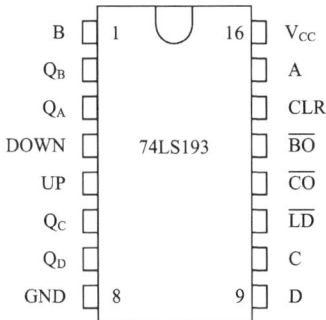

附图 1 – 35　四位二进制同步加/减计数器 74LS193

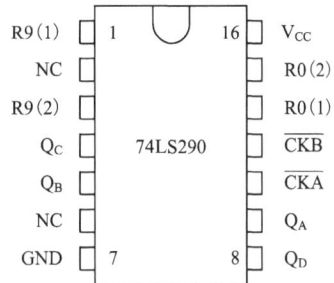

附图 1 – 36　十进制计数器 74LS290

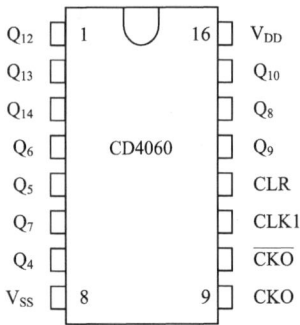

附图 1-37 14 位同步二进制计数/
分配振荡器 CD4060 (CMOS)

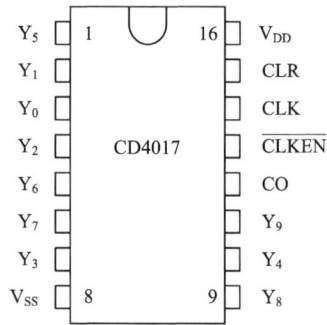

附图 1-38 十进制计数/
分配器 CD4017 (CMOS)

注: CMOS 电路 (CC∗) 引脚排列图中的 V_{DD} 和 V_{SS} 等同于 TTL 电路 (74LS∗) 引脚排列图中的 V_{CC} 和 GND。

附录 2 D/A 转换器简介

D/A 转换器就是将数字量转换为模拟量的电路。主要用于数据传输系统、自动测试设备、医疗信息处理、电视信号的数字化、图像信号的处理和识别、数字通信和语音信息处理等。

1. D/A 转换器的分类

按数字量输入方式: 并行输入和串行输入 D/A 转换器。

按模拟量输出方式: 电流输出和电压输出 D/A 转换器。

按 D/A 转换的分辨率: 低分辨率、中分辨率和高分辨率 D/A 转换器。

2. D/A 转换器的主要组成

D/A 转换器主要由基准电压 V_{REF}、T 型 $(R-2R)$ 电阻网络、位切换开关 BS_i ($i=0, 1, \cdots, n-1$)、运算放大器 A 等组成, 如附图 2-1 所示; 电路结构框图如附图 2-2 所示。

3. D/A 转换器的工作原理

附图 2-1 D/A 转换器输出电压 V_{OUT} 与输入二进制数 $D_0 \sim D_{n-1}$ 的关系是:

$$V_{OUT} = -V_{REF}(D_0 \cdot 2^0 + D_1 \cdot 2^1 + D_2 \cdot 2^2 + \cdots + D_{n-1} \cdot 2^{n-1})/2^n$$

D/A 转换器输入的数字量是由二进制代码按数位组合起来表示的, 任何一个 n 位的二进制数, 均可用表达式

$$DATA = D_0 \cdot 2^0 + D_1 \cdot 2^1 + D_2 \cdot 2^2 + \cdots + D_{n-1} \cdot 2^{n-1}$$

来表示。其中 $D_i = 0$ 或 1 ($i=0, 1, \cdots, n-1$); $2^0, 2^1, \cdots, 2^{n-1}$ 分别为对应数位的权。

在 D/A 转换中, 要将数字量转换成模拟量, 必须先把每一位代码按其"权"的大小转换成相应的模拟量, 然后将各分量相加, 其总和就是与数字量相应的模拟量, 这就是 D/A 转换的基本原理。

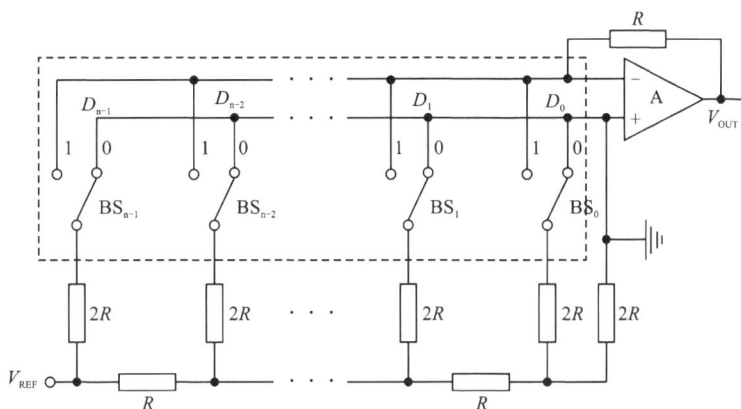

附图 2-1　D/A 转换器的主要组成

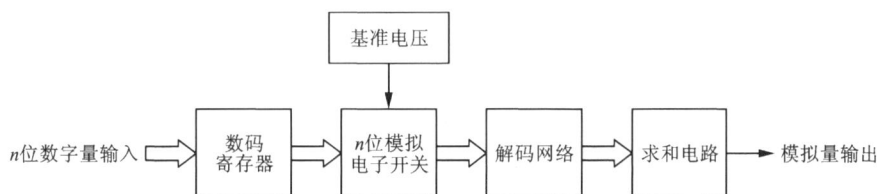

附图 2-2　D/A 转换器的电路结构框图

4. D/A 转换器的性能指标

(1)分辨率。

分辨率反映了 D/A 转换器对模拟量的分辨能力,定义为基准电压与 2^n 之比值,其中 n 为 D/A 转换器的位数。

它就是与输入二进制数最低有效位 LSB(Least Significant Bit)相当的输出模拟电压,简称 1LSB。在实际使用中,一般用输入数字量的位数来表示分辨率大小,分辨率取决于 D/A 转换器的位数。

(2)稳定时间(又称转换时间)。

稳定时间是指输入二进制数变化量是满量程时,D/A 转换器的输出达到离终值 ±1/2LSB时所需要的时间。对于输出是电流型的 D/A 转换器来说,稳定时间是很快的,约几微秒,而输出是电压的 D/A 转换器,其稳定时间主要取决于运算放大器的响应时间。

(3)绝对精度。

绝对精度是指输入满刻度数字量时,D/A 转换器的实际输出值与理论值之间的偏差。该偏差用最低有效位 LSB 的分数来表示,如 ±1/2LSB 或 ±1LSB。

(4)非线性误差。

非线性误差是指实际转换特性曲线与理想特性曲线之间的最大偏差,并以该偏差相对于满量程的百分数度量。转换器电路设计一般要求非线性误差不大于 ±1/2LSB。

5. D/A 转换器 DAC0832 介绍

(1)基本情况。

DAC0830 系列包括 DAC0830、DAC0831 和
DAC0832,可直接与其他微处理器接口,其中
DAC0832 是用 CMOS 工艺制成的 20 只脚双列直
插式单片电流输出型 8 位数/模转换器,由 8 位输
入锁存器、8 位 DAC 寄存器、8 位 D/A 转换电路
及转换控制电路构成。转换时间是 1 μs,电源电
压是 5~15 V。这个 D/A 芯片以其价格低廉、接
口简单、转换控制容易等优点,在单片机应用系
统中得到广泛的应用。其引脚如附图 2-3 所示。
其各脚功能见附表 2-1 所示。

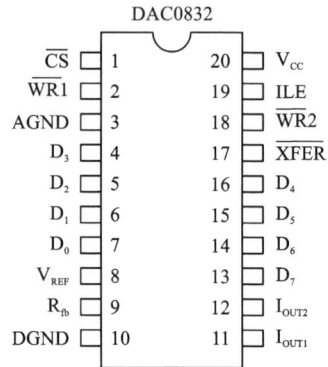

附图 2-3　D/A 转换器 DAC0832 引脚图

附表 2-1　DAC0832 引脚功能

脚别	引脚名	作用
1	$\overline{CS}$	片选信号,低电平有效
2	$\overline{WR1}$	写信号 1,低电平有效
3	AGND	模拟信号地
4	D_3	数字信号输入端
5	D_2	数字信号输入端
6	D_1	数字信号输入端
7	D_0	数字信号输入端
8	V_{REF}	基准电压
9	R_{fb}	集成在片内的外接运放的反馈电阻
10	DGND	数字信号地
11	I_{OUT1}	DAC 电流输出端
12	I_{OUT2}	DAC 电流输出端
13	D_7	数字信号输入端
14	D_6	数字信号输入端
15	D_5	数字信号输入端
16	D_4	数字信号输入端
17	$\overline{XFER}$	传送控制信号,低电平有效
18	WR2	写信号 2,低电平有效
19	ILE	输入寄存器允许,高电平有效
20	V_{CC}	电源

（2）典型应用。

典型应用电路如附图2－4所示，由 DAC0832 及运算放大器 μA741 组成单极性应用电路组成，片选信号$\overline{CS}$（1 脚）、写信号$\overline{WR1}$（2 脚）、写信号$\overline{WR2}$（13 脚）、传送控制信号$\overline{XFER}$（17 脚）接地；基准电压 V_{REF}（8 脚）及输入寄存器允许$\overline{ILE}$（19 脚）接 +5 V 电源；I_{out1}（11 脚）、I_{out2}（12 脚）分别接运算放大器 μA741 的反相输入端（2 脚）及同相输入端（3 脚），接集成运放的目的是把 DAC0832 输出的电流转换成电压输出；R_{fb}（脚 9）通过电阻（或不通过）接运算放大器输出端（6 脚），$D_0 \sim D_7$ 是数据输入端，μA741 是集成运放放大器，构成单极性输出方式。

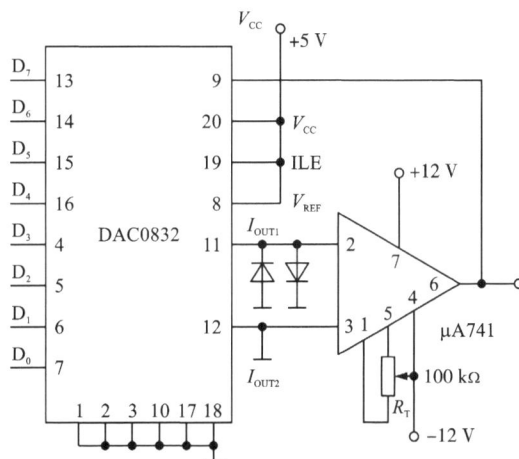

附图 2 － 4　D/A 转换器典型应用电路

附录 3　A/D 转换器简介

在仪器仪表系统中，常常需要将检测到的连续变化的模拟量，如温度、压力、流量、速度、光强等转变成离散的数字量，才能输入到计算机中进行处理。这些模拟量经过传感器转变成电信号（一般为电压信号），经过放大器放大后，就需要经过一定的处理变成数字量。实现将模拟量变成数字量的就要用到 A/D 转换器。A/D 转换器就是将模拟量转换为数字量的电路。

1. A/D 转换器的分类

A/D 转换器有积分型（如 TLC7135）、压频变换型（如 AD650）、并行比较型/串并行比较型（如 TLC5510）、$\sum - \Delta$ 调制型（如 AD7705）、电容阵列逐次比较型、逐次比较型（如 TLC0831）等六类。

2. A/D 转换器的工作原理

（1）基本原理。

在 A/D 转换中，因为输入的模拟信号在时间上是连续的，而输出的数字信号是离散量，所以进行转换时只能按一定的时间间隔对输入的模拟信号进行采样，然后再把采样值转换为输出的数字量。通常 A/D 转换需要经过采样、保持、量化、编码四个步骤，它的转换过程如附图 3 - 1 所示。也可将采样、保持合为一步，量化、编码合为一步，共两大步来完成。

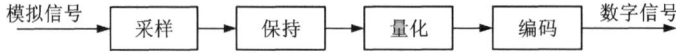

附图 3 - 1 **A/D 转换的过程**

（2）采样和保持。

采样，就是对连续变化的模拟信号进行定时测量，抽取其样值。采样结束后，再将此取样信号保持一段时间，使 A/D 转换器有充分的时间进行 A/D 转换。采样保持电路就是完成该任务的，如附图 3 - 2 所示。其中，采样脉冲的频率越高，采样越密，采样值就越多，其采样保持电路的输出信号就越接近于输入信号的波形。因此，对采样频率就有一定的要求，必须满足采样定理即：$f_s \geq 2f_{Imax}$，其中 f_{Imax} 是输入模拟信号频谱中的最高频率。

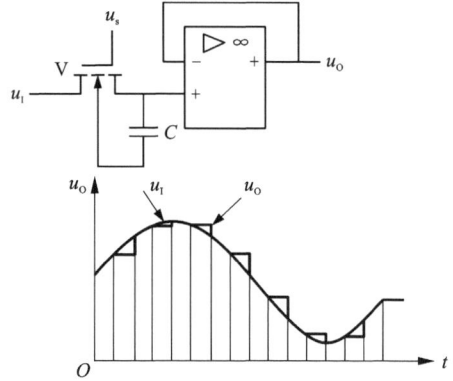

附图 3 - 2 **采样保持示意图**

（3）量化和编码。

如果要把变化范围在 0 ~ 7 V 间的模拟电压转换为 3 位二进制代码的数字信号，由于 3 位二进制代码只有 2^3 即 8 个数值，因此必须将模拟电压按变化范围分成 8 个等级。如附图 3 - 3 所示。每个等级规定一个基准值，例如：0 ~ 0.5 V 为一个等级，基准值为 0 V，二进制代码为 000，6.5 ~ 7 V 也是一个等级，基准值为 7 V，二进制代码为 111，其他各等级分别以该级的中间值为基准值。凡属于某一等级范围内的模拟电压值，都取整用该级的基准值表示。例如 3.3 V，它在 2.5 ~ 3.5 V 之间，就用该级的基准值 3 V 来表示，代码为 011。显然，相邻两级间的差值就是 $\Delta = 1$ V，而各级基准值是 Δ 的整数倍。模拟信号经过以上处理，就转换成以 Δ 为单位的数字量了。

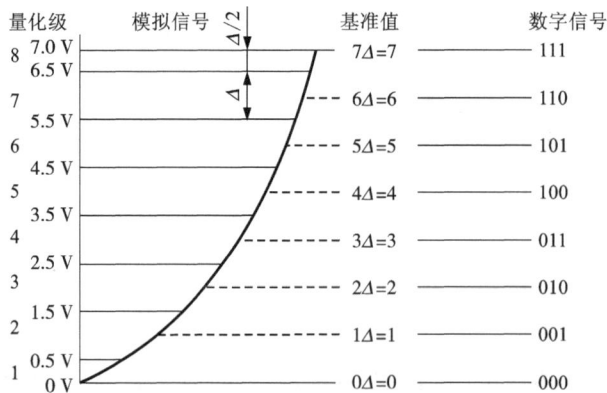

附图 3 - 3 **量化与编码方法**

　　所谓量化，就是把采样电压转换为以某个最小单位电压 Δ 的整数倍的过程。分成的等级称为量化级。所谓编码，就是用二进制代码来表示量化后的量化电平。

　　采样后得到的样值不一定刚好是某个量化基准值，会有一定的误差，这个误差称为量化误差。显然，量化误差越小越好，但是，所用的二进制代码的位数就越多，电路也将越复杂。

　　3. 并行比较型 A/D 转换器

　　并行比较型 A/D 转换器的电路如附图 3-4 所示。它由电阻分压器、电压比较器及编码电路组成，输出的各位数码是一次形成的，它是转换速度最快的一种 A/D 转换器。

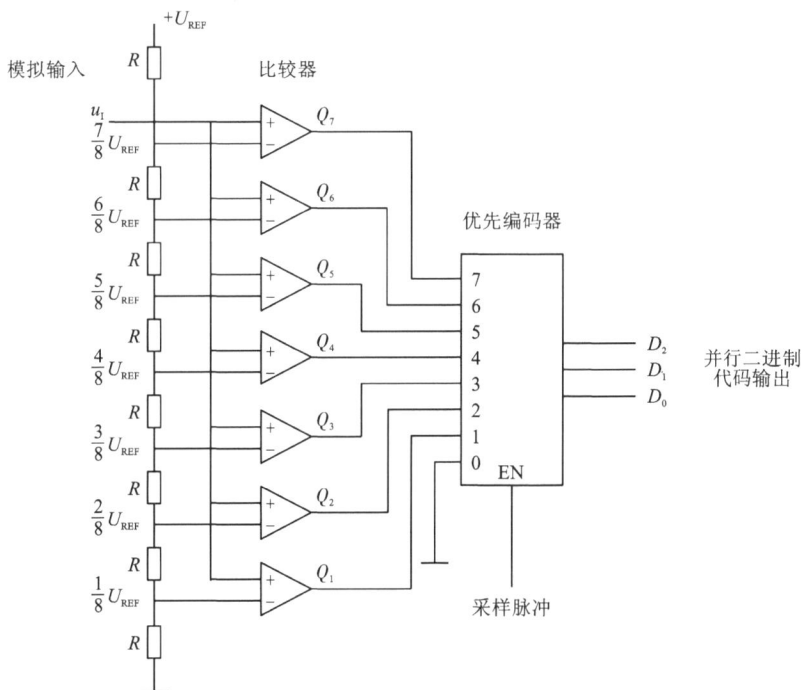

附图 3-4　并行比较型 A/D 转换器

　　图中由 8 个大小相等的电阻串联构成电阻分压器，产生不同数值的参考电压，形成 $1/8U_{REF} \sim 7/8U_{REF}$ 共 7 种量化电平。它们分别加在 7 个电压比较器的反相输入端，模拟输入电压 u_1 加在比较器的同相输入端。当 u_1 大于或等于量化电平时，比较器输出为 1，否则输出为 0，电压比较器用来完成对采样电压的量化。比较器的输出送到优先编码器进行编码，得到 3 位二进制代码 $D_2D_1D_0$。

　　附表 3-1 给出了采样电压(u_1)，比较器的输出电压($Q_1 \sim Q_7$)和编码器的输出代码($D_2D_1D_0$)三者间的关系。从表中可以看出，当输入的模拟电压 u_1 在 $0 \sim V_{REF}$ 之间变化时，并行 ADC 将按不同的值转换出对应的三位二进制代码，从而实现了 A/D 间信号的转换。

附表 3 – 1　　并行比较型 A/D 输入、输出状态表

输入模拟电压 u_I	比较器输出							编码		
	Q_7	Q_6	Q_5	Q_4	Q_3	Q_2	Q_1	D_2	D_1	D_0
$0 \leqslant u_I < 1/8 \, V_{REF}$	0	0	0	0	0	0	0	0	0	0
$1/8 \leqslant u_I < 2/8 \, V_{REF}$	0	0	0	0	0	0	1	0	0	1
$2/8 \leqslant u_I < 3/8 \, V_{REF}$	0	0	0	0	0	1	1	0	1	0
$3/8 \leqslant u_I < 4/8 \, V_{REF}$	0	0	0	0	1	1	1	0	1	1
$4/8 \leqslant u_I < 5/8 \, V_{REF}$	0	0	0	1	1	1	1	1	0	0
$5/8 \leqslant u_I < 6/8 \, V_{REF}$	0	0	1	1	1	1	1	1	0	1
$6/8 \leqslant u_I < 7/8 \, V_{REF}$	0	1	1	1	1	1	1	1	1	0
$7/8 \leqslant u_I < V_{REF}$	1	1	1	1	1	1	1	1	1	1

注意：这种转换应保证 u_I 的最大值不超过 V_{REF}。

　　并行比较型 A/D 转换器最大的优点是具有较快的转换速度，但是，所用的比较器和其他硬件较多，输出数字量位数越多，转换电路将越复杂。因此，这种类型的转换器适用于高速度、低精度要求的场合。

　　4. 逐次比较型 A/D 转换器

　　逐次比较型 A/D 转换器的电路如附图 3 – 5 所示。它由控制电路、数码寄存器、D/A 转换器和电压比较器组成。

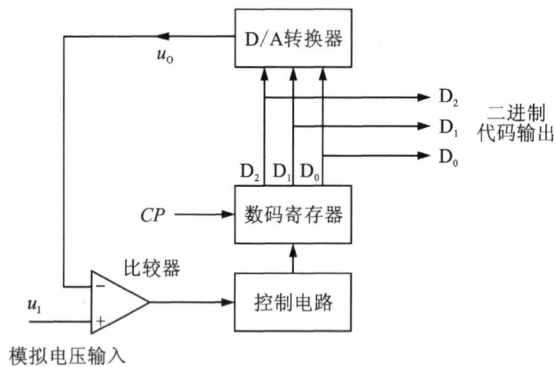

附图 3 – 5　逐次比较型 A/D 转换器

工作过程为：

　　首先，控制电路使数码寄存器的输出为 100，经过 D/A 转换成相应的电压 u_O，送到电压比较器与模拟输入电压 u_I 进行比较，若 $u_I > u_O$，则通过控制电路将最高位的 1 保留，反之，则将最高位置 0；接着将次高位置 1，再经 D/A 转换为相应的电压 u_O，重复上一步，根据比较结果决定高位是 1 还是 0；最后所有位都比较结束后，转换完成。这样数码寄存器中保存的数码就是 A/D 转换后的输出数码。

5. D/A 转换器的主要指标

（1）分辨率。

分辨率是指数字量变化一个最小量时模拟信号的变化量，定义为满刻度与 2^n 的比值。分辨率又称精度，通常以数字信号的位数来表示。

（2）转换速率。

转换速率是指完成一次从模拟转换到数字的 A/D 转换所需的时间的倒数。积分型 A/D 的转换时间是毫秒级属低速 A/D，逐次比较型 A/D 是微秒级属中速 A/D，全并行/串并行型 A/D 可达到纳秒级。

（3）量化误差。

由于 A/D 的有限分辨率而引起的误差，即有限分辨率 A/D 的阶梯状转移特性曲线与无限分辨率 A/D（理想 A/D）的转移特性曲线（直线）之间的最大偏差。通常是 1 个或半个最小数字量的模拟变化量，表示为 1LSB、1/2LSB。

6. D/A 转换器 ADC0809 介绍

（1）基本情况。

ADC0809 是 8 位逐次逼近型 A/D 转换器。它由一个 8 路模拟开关、一个地址锁存译码器、一个 A/D 转换器和一个三态输出锁存器组成，见附图 3 - 6 所示。

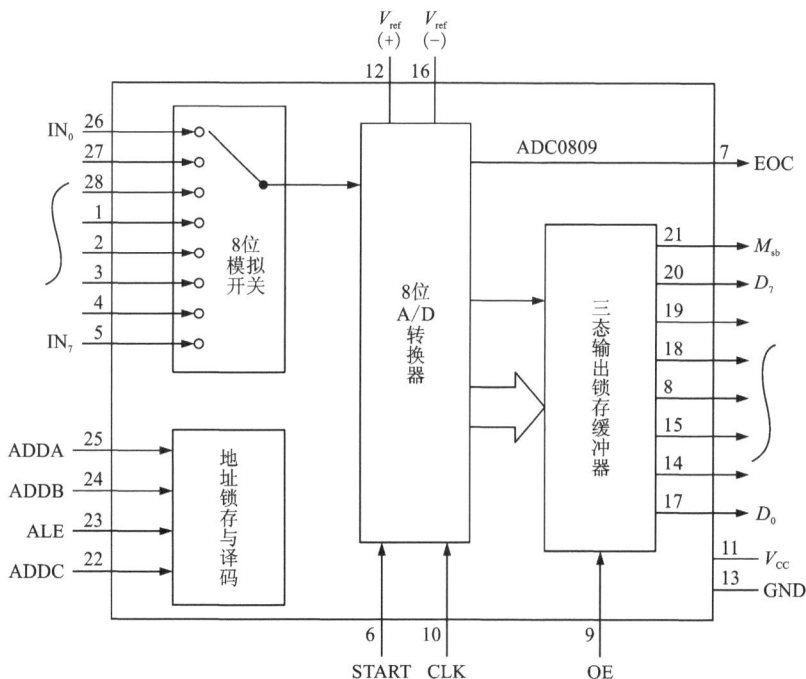

附图 3 - 6　ADC0809 的内部逻辑结构图

图中多路开关可选通 8 个模拟通道，允许 8 路模拟量分时输入，共用一个 A/D 转换器进行转换，这是一种经济的多路数据采集方法。地址锁存与译码电路完成对 A、B、C 3 个地址位进行锁存和译码，其译码输出用于通道选择，其转换结果通过三态输出锁存器存放、输出，因此可以直接与系统数据总线相连,附表 3 - 2 为通道选择表。

附表 3 - 2 ADC0809 通道选择表

C	B	A	被选择的通道
0	0	0	IN_0
0	0	1	IN_1
0	1	0	IN_2
0	1	1	IN_3
1	0	0	IN_4
1	0	1	IN_5
1	1	0	IN_6
1	1	1	IN_7

(2)引脚介绍。

ADC0809 芯片为 28 引脚双列直插式封装,其引脚排列见附图 3 - 7。对 ADC0809 主要信号引脚的功能说明如下:

$IN_7 \sim IN_0$:模拟量输入通道。

ALE:地址锁存允许信号。ALE 上升沿时,A、B、C 地址状态送入地址锁存器中。

START:转换启动信号。START 上升沿时,复位 ADC0809;START 下降沿时启动芯片,开始进行 A/D 转换;在 A/D 转换期间,START 应保持低电平。本信号有时简写为 ST。

A、B、C:地址线。通道端口选择线,A 为低地址,C 为高地址,引脚图中为 ADDA, AD-DB 和 ADDC。其地址状态与通道对应关系见附表 3 -2。

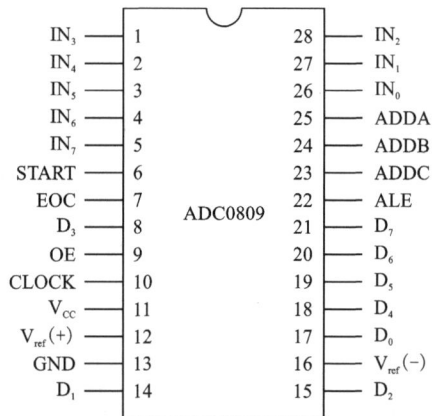

附图 3 - 7 ADC0809 引脚排列

CLK:时钟信号。ADC0809 的内部没有时钟电路,所需时钟信号由外界提供,因此有时钟信号引脚。通常使用频率为 500kHz 的时钟信号。

EOC:转换结束信号。EOC =0,正在进行转换;EOC =1,转换结束。使用中该状态信号既可作为查询的状态标志,又可作为中断请求信号使用。

$D_7 \sim D_0$:数据输出线。为三态缓冲输出形式,可以和单片机的数据线直接相连。D_0 为最低位,D_7 为最高位。

OE:输出允许信号。用于控制三态输出锁存器向单片机输出转换得到的数据。OE =0,输出数据线呈高阻;OE =1,输出转换得到的数据。

V_{CC}: +5 V 电源。

V_{ref}:参考电源参考电压,用来与输入的模拟信号进行比较,作为逐次逼近的基准。其典型值为 +5 V($V_{ref(+)}$ = +5 V,$V_{ref(-)}$ = -5 V)

附录4　存储器简介

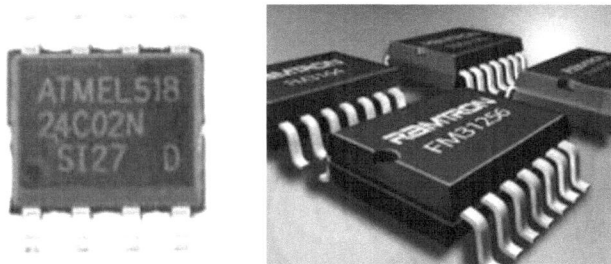

附图 4 - 1　储存器

　　存储器(Memory)是现代信息技术中用于保存信息的记忆设备(见附图 4 - 1)。其概念很广,有很多层次,在数字系统中,只要能保存二进制数据的都可以是存储器;在集成电路中,一个没有实物形式的具有存储功能的电路也叫存储器,如 RAM、FIFO 等;在系统中,具有实物形式的存储设备也叫存储器,如内存条、TF 卡等。计算机中全部信息,包括输入的原始数据、计算机程序、中间运行结果和最终运行结果都保存在存储器中。它根据控制器指定的位置存入和取出信息。有了存储器,计算机才有记忆功能,才能保证正常工作。计算机中的存储器按用途存储器可分为主存储器(内存)和辅助存储器(外存),也有分为外部存储器和内部存储器的分类方法。外存通常是磁性介质或光盘等,能长期保存信息。内存指主板上的存储部件,用来存放当前正在执行的数据和程序,但仅用于暂时存放程序和数据,关闭电源或断电,数据会丢失。

　　1. 基本信息

附表 3 - 3　存储器基本信息

中文名称	存储器	功能	用来存放程序和数据
外文名称	Memory	类别	记忆设备

　　2. 概述

　　存储器的主要功能是存储程序和各种数据,并能在计算机运行过程中高速、自动地完成程序或数据的存取。存储器是具有"记忆"功能的设备,它采用具有两种稳定状态的物理器件来存储信息。这些器件也称为记忆元件。在计算机中采用只有两个数码"0"和"1"的二进制来表示数据。中国联保网记忆元件的两种稳定状态分别表示为"0"和"1"。日常使用的十进制数必须转换成等值的二进制数才能存入存储器中。计算机中处理的各种字符,例如英文字母、运算符号等,也要转换成二进制代码才能存储和操作。

　　存储器:存放程序和数据的器件。

　　存储位:存放一个二进制数位的存储单元,是存储器最小的存储单位,或称记忆单元。

存储字：一个数(n位二进制位)作为一个整体存入或取出时，称存储字。

存储单元：存放一个存储字的若干个记忆单元组成一个存储单元。

存储体：大量存储单元的集合组成存储体。

存储单元地址：存储单元的编号。

字编址：对存储单元按字编址。

字节编址：对存储单元按字节编址。

寻址：由地址寻找数据，从对应地址的存储单元中访存数据。

3. 构成

构成存储器的存储介质，目前主要采用半导体器件和磁性材料。存储器中最小的存储单位就是一个双稳态半导体电路或一个 CMOS 晶体管或磁性材料的存储元，它可存储一个二进制代码。由若干个存储元组成一个存储单元，然后再由许多存储单元组成一个存储器。一个存储器包含许多存储单元，每个存储单元可存放一个字节(按字节编址)。每个存储单元的位置都有一个编号，即地址，一般用十六进制表示。一个存储器中所有存储单元可存放数据的总和称为它的存储容量。假设一个存储器的地址码由 20 位二进制数(即 5 位十六进制数)组成，则可表示 2 的 20 次方，即 1M 个存储单元地址。每个存储单元存放一个字节，则该存储器的存储容量为 1MB。

4. 分类

(1)按存储介质分。

半导体存储器：用半导体器件组成的存储器。

磁表面存储器：用磁性材料做成的存储器。

(2)按存储方式分。

随机存储器：任何存储单元的内容都能被随机存取，且存取时间和存储单元的物理位置无关。

顺序存储器：只能按某种顺序来存取，存取时间和存储单元的物理位置有关。

(3)按存储器的读写功能分。

只读存储器(ROM)：存储的内容是固定不变的，只能读出而不能写入的半导体存储器。

随机读写存储器(RAM)：既能读出又能写入的半导体存储器。

(4)按信息的可保存性分。

非永久记忆的存储器：断电后信息即消失的存储器。

永久记忆性存储器：断电后仍能保存信息的存储器。

(5)按存储器用途分。

高速缓冲存储器、主存储器和外存储器。

5. 工作原理

这里只介绍静态存储器(SRAM)和动态存储器(DRAM)的工作原理。

(1)SRAM 的工作原理。

在静态存储器器件中，一位由 6 只晶体管组成，称为一个存储元，如附图 4-2 所示：

N_1 和 N_2 构成触发器，P_1 和 P_2 分别作为 Q_1 和 Q_2 的负载电阻。N_1 截止而 N_2 导通时的状态称为"1"。相反的状态称为"0"。

读出时，选择线为高电平，使两个开关管导通，从读/写线输出原存的信息。

写入时，写入数据使读/写线呈相应电平（例如写"1"时，读/写线"1"为高电平，读/写线"0"为低电平），再使选择线为高电平，于是触发器被置为相应的状态（写"1"时，置为"1"状态，即 N_1 截止、N_2 导通）。显然，无论存储元保存的信息是"1"还是"0"，N_1，N_2，P_1 和 P_2，4 只 MOS 管总有两只处于导通状态。

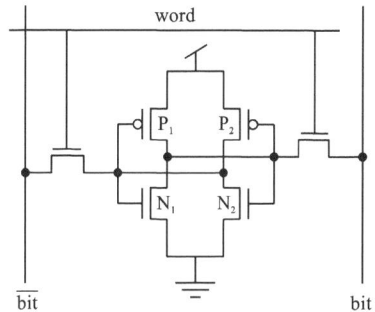

附图 4 - 2　静态存储器存储元

（2）DRAM 的工作原理。

和静态 RAM 一样，动态 RAM 也是由许多基本存储元按照行和列来组成的。

以 3 管 DRAM 为例分析，基本存储电路如附图 4 - 3 所示。在这个电路中，读选择线和写选择线是分开的，读数据线和写数据线也是分开的。

写操作时，写选择线为"1"，所以 Q_1 导通，要写入的数据通过 Q_1 送到 Q_2 的栅极，并通过栅极电容在一定时间内保持信息。

读操作时，先通过公用的预充电管 Q_4 使读数据线上的分布电容 C_D 充电，当读选择线为高电平有效时，Q_3 处于可导通的状态。若原来存有"1"，则 Q_2 导通，读数据线的分布电容 C_D 通过 Q_3、Q_2 放电，此时读得的信息为"0"，正好和原存信息相反；若原存信息为"0"，则 Q_3 尽管具备导通条件，但因为 Q_2 截止，所以，C_D 上的电压保持不变，因而，读得的信息为"1"。可见，

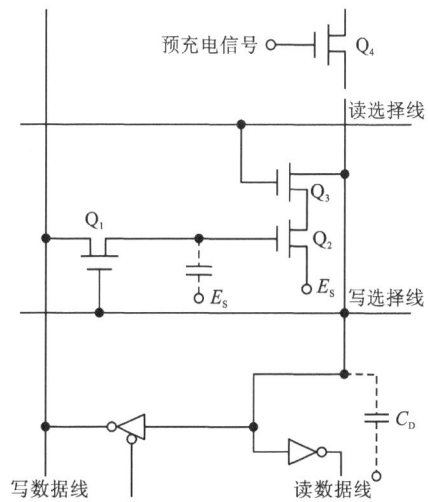

附图 4 - 3　DRAM 基本存储电路

对这样的存储电路，读得的信息和原来存入的信息正好相反，所以要通过读出放大器进行反相再送往数据总线。

6. 功能（见附表 3 - 4）

附表 3 - 4　存储器功能

存储器	功能	寻址方式	掉电后	说明
随机存取存储器（RAM）	读、写	随机寻址	数据丢失	
只读存储器（ROM）	读	随机寻址	数据不丢失	工作前写入数据
闪存（Flash Memory）	读、写	随机寻址	数据不丢失	
先进先出存储器（FIFO）	读、写	顺序寻址	数据丢失	
先进后出存储器（FILO）	读、写	顺序寻址	数据丢失	

参考文献

[1] 曾祥富, 张龙兴, 童士宽. 电子技术基础[M]. 北京: 高等教育出版社, 1996
[2] 张龙兴. 电子技术基础(第二版)[M]. 北京: 高等教育出版社, 2010
[3] 张金华. 电子技术基础与技能[M]. 北京: 高等教育出版社, 2013
[4] 周自立. 数字电子技术应用[M]. 长沙: 中南大学出版社, 2014